东海姬氏国

泰伯后裔衣冠东渡的故事

田晶 著

团结出版社

图书在版编目（ＣＩＰ）数据

· 东海姬氏国 ： 泰伯后裔衣冠东渡的故事 / 田晶著
. — 北京 ： 团结出版社，2020.9
ISBN 978-7-5126-8135-4

Ⅰ．①东… Ⅱ．①田… Ⅲ．①长篇历史小说—中国—
当代 Ⅳ．①I247.5

中国版本图书馆 CIP 数据核字(2020)第 143255 号

出　版：团结出版社
　　　　（北京市东城区东皇城根南街 84 号　邮编：100006）
电　话：（010）65228880　65244790　（出版社）
　　　　（010）65238766　85113874　65133603（发行部）
　　　　（010）65133603（邮购）
网　址：http://www.tjpress.com
E-mail：zb65244790@vip.163.com
　　　　fx65133603@163.com（发行部邮购）
经　销：全国新华书店
印　装：廊坊市印艺阁数字科技有限公司

开　本：170mm×240mm　　　16 开
印　张：15
字　数：153 千字
版　次：2020 年 9 月　第 1 版
印　次：2020 年 9 月　第 1 次印刷

书　号：978-7-5126-8135-4
定　价：39.90 元

序1

梯山航海几崎岖
——寄语《东海姬氏国》

　　田晶先生倾注大量心血的力作《东海姬氏国》就要出版了，这是他的第一部历史研究著作。我清楚地记得去年的夏末（2019年8月左右）他开始调查姬氏后裔在日本的历史，姬氏曾经是古代日本社会最负盛名的簪缨世家、国之桢干，望其项背者绝无仅有。当他邀请我为这本书写点什么时，我欣然应允，本书的出版意义非凡，可喜可贺。

　　去年夏天，苏州的硕学通儒吴本立教授和田晶先生访问日本，他们访日的目的主要是调查泰伯后裔东渡日本的历史以及寻访生活在日本的泰伯后裔，这是我们第一次见面。吴本立教授和田晶先生都居住在苏州，吴本立教授是泰伯后裔。每年4月，全世界的泰伯后裔汇聚在江苏的无锡，举行一年一度的泰伯祭祀大典。2020年4月的祭祀大典由于突然爆发的新冠肺炎疫情在全世界蔓延，不得已宣布取消。

　　华夏五千年的文明长河里，姬姓可以说是中国第一的名门望族。所谓后稷勤周，十有五世而兴。姬姓周族开天辟地，制礼作乐，封邦建国，仁德远播，欲理解华夏传统文化，当从西周历史开始。

　　泰伯、仲雍出奔荆蛮，创勾吴国。公元前473年，大约距今2500年，泰伯后裔的一支衣冠东渡，最初落脚九州的熊本县。关于这一段历史，田晶先生有详细的考证和论述。东渡日本的泰伯后裔们筚路蓝缕、忍辱负重历经700多年，姬氏一族的杰出代表卑弥呼女王君临天下统治日本。卑弥呼以后，一直到公元6世纪中叶，姬氏一族一直是统治日本列岛的王族。

统治日本列岛的姬氏一族，文治武功，无人望其项背。除了统治日本本土，姬氏征伐三韩，势力范围波及今天的朝鲜半岛，成为东亚的一方霸主。姬氏建立的国家被后世称为"东海姬氏国"。

　　日本古代史上，最有名的人物非邪马台国女王姬氏卑弥呼莫属。中国的史书《魏书》《晋书》等对于活跃在二、三世纪的这位女王着墨颇多。卑弥呼女王自称"泰伯之子孙"，谋逆辽东的公孙一族被剿灭之后，女王迅速遣使来到洛阳朝觐魏王。魏王赐予卑弥呼女王金印。统治日本列岛的卑弥呼女王沿袭了周朝和春秋吴国的部分国家管理体系，当时倭国治理井然有序。（下图为福冈县太宰府市的都府楼遗址）

　　根据目前的考古研究，"姬氏国"（亦称纪氏国）最早大本营在现在福冈县太宰府市。太宰府位于日本九州岛的北部，是日本列岛中距离中国以及朝鲜半岛最近的地方。"纪氏国"对日本的统治一直持续到公元5世纪后半期。太宰府别名"都督府"，福冈县教育委员会对外宣传太宰府是历史上大和政权设立的朝廷派出机构，不是九州倭国政权的首都。这种说法罔顾史实，是对九州基本历史的曲解和误读。

东海姬氏国
泰伯后裔衣冠东渡的故事

根据碳14断代科学测定，为保卫太宰府而建设的设施"水城"始建于公元240年左右，中层扩建约为公元430年左右，最后的修理改造约成于公元660年左右。基于以上科学断代测定，直接否定了福冈县教育委员会的说法。

福冈县教育委员会完全按照记录日本古代历史的《日本书纪》去解读和宣扬日本古代的历史，这种对历史的解读是不科学和没有根据的。中国的正史明确记载姬氏（纪氏）卑弥呼女王于公元2世纪从当时的魏国获封"亲魏倭王"，魏王向卑弥呼赠送"亲魏倭王"印绶。卑弥呼女王是当时统治九州的女王，她也是姬姓所谓"泰伯子孙"一族的家族首长。从碳14的断代测定间接地证明太宰府是当时卑弥呼主导建立的都城。

仔细推敲和研读古代中国的正史《魏略》《三国志》中关于邪马台国女王卑弥呼的记载，卑弥呼是姬姓周族的后裔无疑。姬姓周族的历史可以追溯至约公元前1020年左右的西周时代。

古代日本的首都太宰府周围建设有特殊的都城保卫设施"山城"和"水城"。太宰府的"太宰"来自于中国西周、春秋时代的官职。关于"水城"，古代日本的神话"满珠干珠传说"亦广泛流传。"水城"是利用退潮涨潮原理实际建设的保卫设施。"水城"是底部宽约80多米，高十几米的土垒，这种土垒建在山上的平坦地形上，当敌人攻城时，环绕都城的"水城"会储满水，大水从土垒底部同时倾泻而出达到歼灭敌人的功能。

到了公元5世纪，赫赫有名的"倭武王"登上历史舞台。根据中国正史记载，赞、珍、济、兴、武五位倭王多次遣使向当时的宋、齐、梁朝觐，请求除授，以证明自己获得宗主国的绝对支持。

成于公元8世纪的日本史书《古事记》《日本书纪》是研究古代日本历史的重要文献。仔细研究这两部历史作品，可以发现这两部史书所记载的史实完全是按照当时统治日本的大和朝廷的旨意，人为加工编纂而成。这种人为的加工编纂只有一个目的，就是向日本民众宣扬所谓大和朝廷的万世一系，天皇统治的正统和神圣。

姬姓泰伯后裔一族在日本创建的九州倭国政权和大和政权是相对立的。所谓历史从来就是胜利者抒写，后起的大和政权为了统治需要，不仅完全抹杀，还大量篡改捏造大和政权之前的日本古代历史，毫无顾忌地宣扬大和政权万世一系，统治神圣不可侵犯。

已故古田武彦教授最早发现并指出上述日本古代历史史书记载的"缺陷"。古田教授已于 2016 年去世，我认识到有必要继续继承古田武彦教授遗志，花了大量心血整理和研究日本古代的历史资料。

为了还原和弄清卑弥呼以及九州倭国政权的史实，我们只有依靠和信赖中国和朝鲜的古代历史记载。日本国内众多的文物遗址出于"特殊保护"的原因无法发掘和研究，这也给古代日本历史研究设置了巨大障碍。

我花费了四十多年的心血研究和整理这些被隐藏的日本古代历史，虽然还有许多地方没有弄清楚，但古代日本历史本来面目已渐渐显露在我们的面前。我的很多研究得到了众多同行的认可，很欣慰有一些成果被人称赞为"日本古代史上具有划时代意义的研究"。

田晶先生长期在海外工作，一直奔波于东南亚各国忙于本职工作。对于日本的古代历史他并非专业人士，但是令人惊叹的是，他博览艰涩难懂的古代日本典籍，在迷宫和机关密布的所谓"古代日本历史"里，迅速并且准确地理解日本古代历史。这种准确的融会贯通使他成功地梳理出姬氏一族在日本的足迹。他的睿智和勤奋令我钦佩。

我辈不才，江山代有人才出。

日本九州古代史研究会会长　内仓武久

2020 年 5 月　于日本国大阪府富田林市宫町

内仓武久简介

1943 年出生在鹿儿岛县。庆应义塾大学法学部毕业后，进入朝日新闻社，成为负责文物考古、古代历史方面的专业记者。1987~1992 年《朝日年鉴》文物和考古、古代日本历史专栏主笔。

现任日本九州古代史研究会会长，是当今日本古代九州历史研究的权威专家。

主要著作如下：

《世界各国考古学概论》，朝日新闻社出版

《日本的遗址考古发掘物语》，社会思想社出版

《日本的发掘遗址》，朝日新闻社出版

《谜一样的煌煌巨族——纪氏》，1994 年三一书房出版

《曾经的古代日本首都——太宰府》，2000 年出版

《古代日本的卑弥呼和神武天皇》，2007 年出版

《席卷日本列岛的熊袭》，2013 年出版

从中国江南到日本九州的伟大航海之路
——寄稿《东海姬氏国》

公元前 473 年，吴王夫差的后裔们从中国的东南沿海出发，借着黑潮，横渡东海。《东海姬氏国》的故事从横渡东海开始。这是一部以全新的视角研究古代东亚文明交流融合的历史著作。

传统的日本历史学界认为，古代的航海是沿着目视所及的海岸线或者海上岛屿间移动迁徙。根据此种学说，进而认为，东亚大陆的文明传播路径应该是由山东半岛经由朝鲜半岛传入日本。

已故日本著名历史学家古田武彦教授根据《三国志·魏志》里关于倭人的记载，结合多年细致和潜心研究，逐步确立了自己关于倭人横渡东海的学说，甚至进一步地大胆提出，日本的绳文时代，列岛上的先民可能已经具备从日本本土穿越太平洋抵达大洋彼岸的航海技术。古田武彦教授的研究学说发表之后，众多的考古发现也证明了他的这一学说。

田晶先生的《东海姬氏国》梳理了古代东亚地区文明传播和融合的几条路径。

首先是吴王夫差后裔从长江中下游的吴国横渡东海，流亡至日本的九州。关于这条航海路径，和蚕桑传播到日本的路径惊人一致。

同样，稻米也是渡海传入日本。传统的历史学观点认为，稻米经由朝鲜半岛传入日本本土。根据日本生物学家、农学者佐藤洋一郎的毕生研究，日本水稻种里三种遗传基因 RM1-a、RM1-b、RM1-c，目前在朝鲜半岛出土的碳化米里还没有任何同样或者类似的发现。而中国的水稻遗址里已经发现有完全一致的 RM1-b。

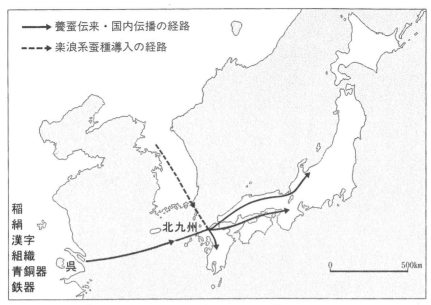

図1 布目順郎氏 絹の東伝 P94 養蚕伝来ルートに加筆

日本纺织学者布目顺郎教授长期研究日本各地出土的丝绸织物，根据布目教授的研究成果，日本北部九州部分遗址里发掘的丝织物明显是由中国直接传播而来。

关于汉字，近年来从北部九州以及出云地方发掘的弥生时代遗迹来看，可能西周时代已经从中国传入日本。根据日本学者柳田康雄的研究，弥生时代的很多遗址里发掘出了镌刻汉字的砚石。

古代倭人的社会组织和国家形态明显有模仿中国古代西周以及西周以前的痕迹。《三国志·魏志·倭人传》记载："倭人自称大夫。"后世的历史记载更直接："倭人自称大夫，谓泰伯之后。"

春秋战国时代，中国青铜器和铁器已经取得了巨大的技术进步。特别是铁器，春秋战国时代的吴国铸铁工艺独步华夏。中国铁器技术在弥生时代就已经传入日本，为了获得上等的铁制武器，争夺优良的铁矿石成为各方势力角逐的重点。青铜器作为祭祀必需品，在日本本土也有不少数量的发掘。

如果说航海、稻米、丝绸、铁器是弥生时代倭人的经济基础，那么模仿西周时代的倭人社会组织和国家形态就是基于这种经济基础的上层建筑。《东海姬氏国》试图描写的就是这一段古代海洋文明从长江中下游的江南迁徙至日本的九州，进而和当地先民融合发展，成为古代日本文明的滥觞。

《东海姬氏国》为我们打开了一扇了解和研究东亚古代海洋文明迁徙和融合的窗户。此书的出版意义非凡，我们期待田晶先生的更多作品问世。

日本多元的古代研究会　西坂久和

2020 年 5 月

序 3

姑苏台上明月天

　　明成化三年（公元 1467 年），日本国南禅寺学僧桂庵和同为长门（今天的山口县）同乡的画僧雪舟终于登上了遣明使船于这一年的四月来到他们心驰神往的大明国。1467 年，桂庵 41 岁，雪舟 47 岁。桂庵长期寓居苏州和杭州，潜心学习朱子学。到 1473 年学成归国，在明朝 6 年，归国后的桂庵对风光旖旎的苏州念念不忘，姑苏故地，或诗或赋，苏州已然成为桂庵心灵的故乡。

　　近日偶然读到桂庵的《岛隐集》，其中不少诗句是桂庵归国后客居九州时所作。一部分诗作诵来颇为震惊，摘录（原文翻译）如下。

其一

江亭秋色白鸥前

归客诗吟小船桿

千里南国焉能忘

姑苏台上月明天

其二

姑苏寓地白云边

吟断春花秋月天

　　请注意其一和其二里出现的地名"姑苏"并非遥指东海彼岸的苏州而是指桂庵

当时客居九州的隈府（今天的熊本县菊池市）地名。为什么千里之外的隈府会有姑苏呢？桂庵的这些诗句亦牵出了吴文化流播海外的重大历史事件。

在明朝6年桂庵潜心钻研儒学，1473年回国正赶上日本国内的应仁之乱，乃滞留于石见、筑后、肥后等地，克行释奠（祭祀孔子的仪式）、讲授儒学。上述诗作就是成于肥后讲学期间。

应仁之乱是1467~1477年日本室町幕府时代封建领主间的内乱。当时统治肥后（今天的熊本县，古代火国的一部分）的守护菊池家第二十二代当家菊池重朝兴文重教，重朝本人亦吟诗作赋，成为当时日本的一代文人守护。桂庵大概就是此时接受重朝的延聘，来到菊池隈府。根据《肥后国史》记载，为了教化乡民，训教圣贤，文明九年二月九日，孔子堂落成，举行了盛大的祭祀孔子的释奠仪式，寓居隈府的桂庵欣然为孔子祭祀赋诗。

桂庵客居隈府前后数年，寓所就在隈府的姑苏。姑苏是隈府的一个地名，据说姑苏风光明媚，清寂宜居，桂庵对此地亦情有独钟甚是欢喜。欢喜之下，每每吟诗作赋自然顺口而出，流传至今。

根据菊池地方的地名专家考证，姑苏大约在今天的菊池河支流迫间川流域。细细考证菊池河流域，会发现很多非常有意思的地名。

隈府西部有一个地方叫"神来"，神来在古代日语里是"贵人居住的宅邸"的意思。根据当地人的代代口口相传，有一位身份尊贵的人沿菊池河顺流而上最后在迫间河流域定居下来。根据《新撰姓氏录》里《松野连家谱》记载，吴王夫差的公子忌是孝昭天皇三年来到九州，定居在熊本县菊池郡山门乡。当时的九州地区还处于弥生时代，从吴地历经劫难迁徙而来的夫差后裔们带来了吴越先进的粳稻种植和铁器以及养蚕技术。这些先进的农业和手工业文明极大地改变和提升了菊池河流域的文明。菊池河流域的原住民对于亲眼目睹的先进的吴越文明由震惊到后来的倾倒，也间接促成"神来"的诞生。

据说，公元前473年公子忌一行渡海漂泊到菊池河口的玉名地方，然后沿着菊池河顺流而上，看到当时还是巨大浅湖泊的迫间川流域，风光明媚，神似当时的吴国太湖风貌。从此，这些吴地的后人们筚路蓝缕，在新天地传播伟大的吴文化。当地人为了纪念公子忌来到菊池，在他们的船靠岸的迫间河附近建立了"贵船神社"，"贵船"成为菊池地方的代代传承的文化符号。

后来的故事就更加激动人心了，这些伟大的先驱们在九州列岛不仅顽强地生存下来，还建立了后来举世闻名的九州王朝。九州王朝虽然在日本史学界争议颇大，但是没有人否认以吴越为代表的江南文明对于日本社会的巨大影响。公元前473年，从九州登陆那一刻起，吴文化历经千年席卷日本列岛，在日本列岛扎根。日本的衣食住行受到吴文化的巨大影响，至今仍然为学术界津津乐道。而这些伟大的先驱们念念不忘自己的故乡姑苏，在新的天地追思故土，创名姑苏。

1508年，一代学人、萨南学派的祖师桂庵在南禅寺圆寂。他没有想到《岛隐集》会成为今人窥见中日文化历史交流的一个窗口。

田晶

2020 年 7 月　于苏州秦余杭山麓

目　录

第一章
煌煌巨族　克绍其裘

第一节　衣冠东渡

公元前473年（孝昭天皇三年）十一月，吴王兵败，困姑苏城西秦余杭山，越兵至，王旬日自刎。越王勾践请使公子忌徙居甬东，忌性格刚烈，素有鸿志，决意效法先祖公刘迁豳，入东海开辟新天地，图日后匡复大业。

启程前往甬东前日，公子忌星夜差人前往闽江口船宫密备外海远洋的大翼福船，自己则悄悄连夜潜入祖庙"告庙"，后取出木主石函，藏于枕边。是夜，忌一夜无眠。

约莫十日后，一行几十人趁着夜色抵达甬东，借哨舟悄然入海，后经接应潜入大翼福船。冬日的东海，海风猎猎，寒气煞人。次日清晨，舳舻百里有余，升帆的福船已在茫茫东海之中。

家臣从二层船舱中拿出用孟宗竹包裹的灰汁饭团，公子忌心婵媛伤怀，悲恸万分，竟嚎哭起来。两天后，夫长报告，偶遇黑潮，沿流而上，大船满帆顺水，舟行加快。身后已不见越国追兵和战船，一行人这才舒展不少。

十二月上旬，大船来到玉名的菊池河口。公子忌命夫长和棹卒准备钩矛斧弩，准备战斗。到达菊池河口时，只见河口漂浮数只刳木和腰舟，但是不见人影。

沿菊池河追溯而行，只见沿途阔叶林茂密，舟行几十里后，河道忽然间呈倒 V 形逆转，航速急速加快，不久一片巨大的内湖出现，待大家察觉时，福船已在湖中央。很多年后，姬（纪）氏后人才知道他们当年到达的地方叫茂贺浦。

茂贺浦湖三面环山，湖水深处约莫有三四十米，只见湖边已经聚集几百名手握木棒和石器的原住民，但见这些原住民满脸惊愕，挥舞石器和木棒极度恐惧和紧张，不断地发出各种呼喊声，似隐语，又似鸟兽虫鸣。

公子忌一行从茂贺浦转到迫间川支流，将大翼福船停了下来。但见从船上下来的一行人上穿黼衣，下裹纁裳，束发盘冠，男众诸位风流倜傥，勇猛矫健。原居

图1-1　弥生时代的日本　　　　　　　　　　图1-2　弥生时代的生活场景

民们见状，迟迟不敢向前，时而退却，时而蹒跚往复。忌下令拿出灰汁饭团分给原住民，见到对方的善来之举，从来没有尝过这种柔软食物的原住民们由惊愕恐惧逐渐转为憧憬和仰望。接下来，忌又下令用船上的鱼炙和剩下的肉食以及美酒招待他们。

上述情节非我杜撰，实际发生在距今约2500年的公元前473年。那时候的东亚大陆"邦无定交，士无定主，百家争鸣，英才辈出"。属"古今一大变革之会"，这一年中国历史上发生两件大事。

越国攻破吴都姑苏城，吴王夫差自刎于姑苏城西秦余杭山，吴亡。

越王勾践与齐晋诸侯会于徐州，致贡于周，周元王命以为伯（霸主）。

几百年之后，迫间川流域的先民们在公子忌下船的地方建立了"贵船"神社，来纪念大翼福船的到来。

嘉永六年（公元1853年），美国海军准将佩里率领舰队驶入了江户湾浦贺海面，在铁甲黑船的恐惧和紧张中，双方于次年签订了《日美和亲条约》。从此日本结束了闭关锁国的历史。

公元前473年，公子忌一行乘坐大翼福船来到九州岛的玉名，沿着菊池河而上定居在了当时的火国山门菊池郡。

这件被历史尘封的往事，在我看来，它的意义远远超过了1853年的"黑船"事件。因为大翼福船的到来，因为这次不经意的"衣冠东渡"，稻作文明和金属冶炼传入日本列岛。自此，日本列岛的生产方式发生巨大变革，这种变革奠定了日本文化的基础。

中国的江南和日本之间，自古以来有一条海上通途，两地人来物往，促进了种族融合和文化的流通。擅操舟楫的吴越先民可能很早就懂得利用南中国海的"黑潮"，远航外洋，开展贸易和渔业捕捞活动。

根据司马光的《资治通鉴》，吴亡国之后，吴人支庶四散，一部分衣冠东渡，移民日本，故倭人自云泰伯后裔。按照历史先后顺序，泰伯夫差之庶东渡，散见于各类史料。

《三国志·魏书·乌丸鲜卑东夷传》中记载"其使诣中国，皆自称大夫"。

《魏略》最早记载了"倭人自称泰伯之后"。《魏略》成于3世纪后期，唐宋时期又为多种文献采录。

唐张楚金《翰苑》文内引《魏略》云："其俗，男子皆黥面文身，闻其旧语，

图1-3　公元前473年公子忌东渡路线图

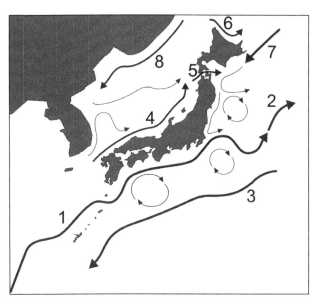

图 1-4　南中国海和日本列岛周边的黑潮流向图

"黑潮"又叫日本暖流。北太平洋西部流势最强的暖流。为北赤道暖流在菲律宾群岛东岸向北转向而成。主流沿中国台湾岛东岸、琉球群岛西侧往北流，直达日本群岛东南岸。在台湾岛东面外海宽 100~200 公里，深 400 米；流速最大时每昼夜 60~90 公里。水面温度夏季达 29℃，冬季 20℃，均向北递减，至北纬 40°附近与千岛寒流相遇，在盛行西风吹送下，再折向东成为北太平洋暖流。

自谓太伯之后。"

　　唐杜佑《通典》亦引《魏略》，在《边防典一·倭人传》注解："倭人自谓泰伯之后。"

　　唐姚思廉《梁书·倭传》云："倭者自云泰伯之后，俗皆文身。"

　　唐李延寿《北史·倭国传》云："俗皆文身，自云泰伯之后。"

　　唐房玄龄《晋书·倭人传》云："男子无大小，悉黥面文身，自谓太伯之后。"

　　宋李昉等奉太宗之命编撰《太平御览》，在四夷部"倭"项中引用《魏志》云："其俗，男子无大小，皆黥面文身，闻其旧语，自谓太伯之后。"

　　日本方面也有不少文献记载这一史实，兹举例如下。

　　成于弘仁年间（公元 815 年左右，嵯峨天皇）的氏族名鉴《新撰姓氏录》的右京诸藩中明确记载松野连"出自吴王夫差"。

东京静嘉堂文库所藏《百家系图稿·松野连家谱》（姬氏系图）明确记载。

包括著名"倭五王"以及卑弥呼女王皆为姬姓夫差之后。

近人铃木真年在《前篇通鉴》里记载"周元王三年，越灭吴，吴之庶渡海入倭"。

日本国会图书馆《埋没的古代氏族谱图》明确记载"松野氏系姬夫差之后"。

朝鲜史书《东国通鉴》记载"吴国之庶渡海入倭"。

日本江户时代的国学者鹤峯戊申在《襲国伪僭考》中记载"吴泰伯的子孙东渡九州，从此有熊襲之称谓，熊襲国也就是被后人称为倭国或邪马台国，由于吴人衣冠东渡，当时先进的文化源源不断传播到日本列岛"。

史书言之凿凿，中日韩三国史书皆有所指，看来夫差等泰伯后裔衣冠东渡绝非街谈巷议的稗官野史。

日本弘仁六年（公元815年），当时的朝廷下令编纂了一部《新撰姓氏录》，体裁仿照唐代的《氏族志》，分皇别、神别、潘别、未定杂姓等共录入1059姓，其中来自朝鲜半岛和中国的移民达到324姓，约占全部氏族的三分之一。

移民至日本列岛的这些所谓"渡来人"（日本对于外来移民的称谓），身居异国，对于故国和家园永远无法忘怀，编修谱牒，世代传承成为缅怀始祖的最好方式。根据《新撰姓氏录》，兹将奉华人始祖的部分氏族采录如下：

松野连——吴王夫差

牟佐村主——吴孙权男高（孙权长子孙登，字子高）

和药使主——吴国主照渊孙智聪

常世连——燕国王公孙渊

太秦公宿弥——秦始皇三世孙孝武王

下村主——后汉光武帝七世孙慎近王

高向村主——魏武帝太子文帝

桑原村主——汉高祖七世孙万德使主

伊吉连——长安人刘家杨雍

海外移民是华夏文明向四邻扩散的重要途径，虽然空间上脱离了华夏，但是文化的传承不会因此中断。特别是在朝代更迭的巨大历史变化中，身为统治阶级的天潢贵胄迥异于一般士族，他们来到新的天地往往能够汇聚人群，于一地乃至一国的政治、经济、文化等施以重大影响。

江南地区成熟的稻作和金属文明代表当时东亚的最高水准，周边民族的强烈慕华心理使得来到日本列岛的吴越移民迅速成为尊崇的对象。这些移民集团有的独立成族，有的融于当地依靠与生俱来的贵胄学养形成王国。公子忌的到来，正在静悄悄地改变东亚的历史。

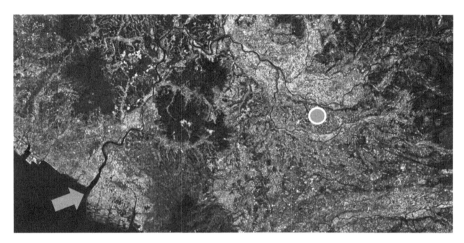

图1-5　玉名河口和熊本县菊池市卫星地形图

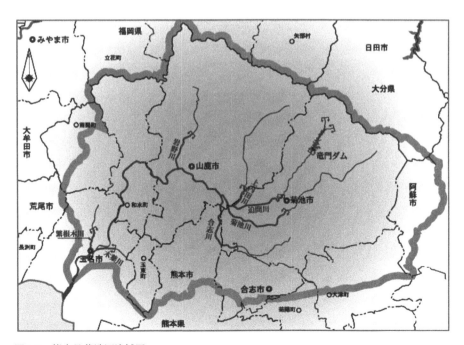

图1-6　熊本县菊池河流域图

图1-7 菊池河流域风光

图1-8 日本九州地图

第二节　百世天工

　　根据《史记·周本纪》《世本》《尚书·酒诰》的记载和考证，中国历史上的周族从始祖后稷起，到周文王，只有十五代。周族相比夏族和商族是一个后起的姬姓部族。泰伯的父亲是周族第13代公亶父，即是太王。太王有三个儿子，长子泰伯和次子仲雍以及幼子季历。

　　西周有两个封国都是仲雍的后裔，在北方的虞（国都在今天的山西平陆北）和南方的吴。"虞"字从"吴"，古代"吴"的读音和"虞"相同，为一字的分化。太王因为季历生子名昌（周文王），"有圣瑞"，要传位给季历以及姬昌，泰伯和仲雍因而出奔"荆蛮"，断发文身，自号"勾吴"，即是吴国。尽管这个传说在春秋时代已经存在，但是与史实不符。

　　《左传·僖公五年》记载晋献公第二次假道虞国进伐虢国，虞国大夫宫之奇向虞君进谏，讲到虞的开国历史，就说："大伯和虞仲，大王之昭也，大伯不从，是以不嗣。"（《史记·晋世家》）这足以说明虞的始祖是泰伯和仲雍。

　　吴国应该是虞的分支，宜侯夨（cè）簋（guǐ）所说康王时虞候夨分封到宜的事情，应该就是吴国的始祖。

　　《诗经·大雅·皇矣》："帝作邦作对，自泰伯和王季。惟此王季，因心则友，则友其兄，则笃其庆。"就是说帝建立了一对邦国，这一对邦国始创于泰伯和王季。周朝的领土开拓是从季历开始的，季历开拓的成功，其中很重要一个原因就是与泰伯所建立的虞国友好合作，以虞作为向山西乃至百越开拓的重要据点。

　　因泰伯的到来，吴地在先吴历史积淀的基础上，与中原文化迅速融汇、整合，自此不断发展，国土面积逐渐扩展，春秋时期成为北上中原争霸天下的大国。而吴地文化也颇有可观之处，出现了以季札为代表的令中原士林折服的杰出人才。

　　泰伯何以能在陌生的远方立国？结合其他史料，我们不难梳理出大致的脉络。

3000多年前，中原气候宜人，环境优越，华夏先民勤奋智慧，形成先进的生产力，创造出丰富的物质财富，社会政治、经济、文化水平遥遥领先。而江南过于炎热潮湿，榛莽丛生、瘟瘴盛行、环境恶劣，因此造成生产力低下，社会物质财富有限，经济、文化、技术远远落后于中原，没有形成早期国家形态，而是分散为一个个小部族，没有强大的对手。

泰伯从中原到江南，是从高度发达地区到欠发达地区，追随他的亲族，都是曾参与周原创业的骨干，在遥远的江南，都是"高级农业、水利人才"。相对于当地小部族而言，泰伯、仲雍所带领的周人队伍，是一支强大而先进的力量，必然有着极大的优势，因此有可能受到了当地土著的拥戴。

泰伯、仲雍"断发文身"，接受当地习俗，主动融入当地社会，无疑有利于打消土著的疑惧，为双方的融洽相处，乃至文化交融创造了条件。于是上千小部族，自愿归附于泰伯。

至于司马迁所说"荆蛮义之"，也当是一个重要原因，或许说明泰伯成功地让"荆蛮"接受了周人的文化模式和道德精神，也或许"荆蛮"之中原本就有着与华夏相通的道德观。

"泰伯奔吴"，无疑是一次中原文化与东南文化的融合与交流，对长江下游地区的开发有着重大的意义。对于泰伯和仲雍来说，新建立的"勾吴"国也提供了一个政治的实验舞台，让他们得以表现出自己管理国家的才能。

首先"复制"周原创业经验大兴水利，伯渎河水深流缓，水面平静，映着江南的蓝天白云。

《论语·泰伯》："太伯，其可谓至德也已矣，三以天下让，民无得而称焉。"孔子很少夸人，对泰伯却不吝赞美之词，没有用"有德""盛德"这样的词，而是使用"至德"，这是一种最高程度、已臻极致的赞誉。

公元前473年的吴国灭亡似乎并没有妨碍"至德名邦"的绵延永续。根据《松野连家谱》记载，夫差的庶出公子忌于孝昭天皇三年东渡，先定居于今天的九州熊本县菊池市，后来公子忌的后人迁徙至筑后川流域，居倭奴国。再往后，又出现了和汉朝的使节往来，更令人惊讶的是出现了"姓姬氏，卑弥呼（卑弥子）"以及赫赫有名的"倭五王"。《松野连家谱》所记载的内容是惊人的。松野家（姬氏，后称纪氏）是日本古代历史上最煊赫的家族，无出其右。关于《松野连家谱》我们在后续的章节里会详细解读。

图1-9 无锡大运河
穿越梅村的这条河全长40多公里，是古人开凿的运河。据无锡学者考证，该河为泰伯率领百姓开凿，是中国第一条人工河。按照《吴越春秋》《吴地记》及无锡地方史志的记载，泰伯在无锡梅村一带开凿沟渠、兴筑城池、教百姓农耕技术，促使吴地生产有一次飞跃性发展。

无疑，《松野连家谱》是姬（纪）氏子孙为了不忘记始祖的家族备忘录。

在中国古代宗法制度下，事死如事生，祖先必须要子孙祭祀，子孙要祖先降福，活人离不开死人，死人亦离不开活人，宗子不仅是一族之长，又是宗庙之主。如果宗子因放出奔，就叫"宗庙失守"。如果祖宗灭亡，宗庙就要绝祀，这是最大的不孝，所谓"灭宗废祀，非孝也"。

《松野连家谱》是姬（纪）氏后人口口相诵，提醒世世代代的夫差后裔们，身在异国，远离故土，亦当刻骨铭心，宗祀社稷，薪火相传。

姬在日语发音"Ki"。从公元前473年到后来的卑弥呼建国，衣冠东渡的姬氏以及其他的华夏渡来人筚路蓝缕，历经600多年，顽强勇敢地在异国他乡生存繁衍，积极地融入当时的日本社会，和日本原住民融合共生发展。

天潢贵胄的姬氏一族，开始崭露头角，逐渐成为那个时代先进文明的传播者和领导者。经历了漫长的历史演进和长期艰苦卓绝的奋斗，姬氏一族最终统治了日本列岛的大部分领地。

　　以姬氏为代表吴越移民加速了日本社会进入弥生时代的步伐。姬氏也在漫长的弥生时代不断和外来移民、在地原住民归化融合。这种融合和归化也给姬氏一族注入了新的基因和文明血脉。"姬"因为同音异字的转化，以及政治经济上的客观需要，衍生出"纪"（Ki）、"木"（Ki）、"基"（Ki）和"记"（Ki）等一系列的同音异字姓。其中传承最为久远、生命力最为强大的当属"纪"这一支。

　　"姬"向"纪"的演变，是历史客观发展带来的结果，也是当时的日本社会统治阶级权力斗争的结果，关于这种斗争，我们将在接下来的章节专门讲述。

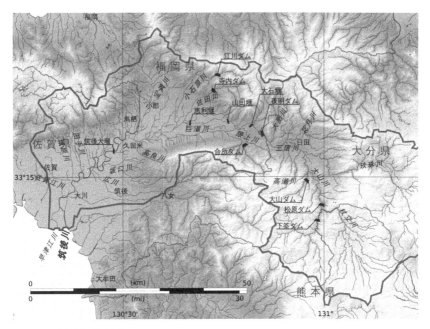

图 1-10　九州筑后川流域图

图 1-11　筑后川流域风光

第三节　群星璀璨

姬（纪）氏渡来人早期躬耕于九州的菊鹿盆地，后迁徙至以太宰府为中心的北部九州中心区域。在完成了九州崛起的传奇后，分别沿濑户内海和日本海将势力扩展到关西的大阪奈良以及和歌山等地，成为主导大和政权的核心力量。全盛期，纪氏势力范围从关东到九州，统治着绝大部分日本列岛，此外，一段时间也将朝鲜半岛纳入自己的势力范围，成为当时名副其实的东亚霸主。奈良时代后期到平安时代前期，政治斗争日趋激烈，纪氏一族势力逐渐开始衰退。

我们将纪氏的活动分为三个时期。

第一个时期是从公元前 473 年的弥生时代到公元 5 世纪初叶。这一时期纪氏一族卧薪尝胆、筚路蓝缕，先是和当地的先民融合发展，而后厚积薄发，历经 700 多年。前半期止于公元 1 世纪，后半期从 1 世纪到 5 世纪初叶。后半期代表人物有卑弥呼女王和倭五王。关于卑弥呼和倭五王，我们在接下来的章节里详表。

第二个时期是以公元 645 年大化革新为分水岭，从大化革新至飞鸟、奈良以及平安时代前期，纪氏一族英才辈出，群星闪耀。从权倾朝野的大臣到天皇妃嫔，从地方的郡守到域外的朝鲜半岛，文臣武将，墨客骚人，论数量和活跃的领域，纵观日本古代历史，纪氏一族空前绝后。

第三个时期是平安时代中晚期到江户时代。这一时期，纪氏一族势力开始急剧衰退，但是众多的纪氏中下级文人和官吏依然生生不息，成为推动社会进步的一股不可忽视的力量。《历名士代》和《地下家传》等史料有明确记载这一时期的纪姓下级官吏和以纪氏为始祖分离出来的其他氏族。

记录纪氏一族的家牒、谱图以及史料众多，现摘录如下：

1.《尊卑分脉》中世纪家谱

2.《诸家系图纂》家谱集本

3.《上司系图》东大寺史料编纂所

4.《纪氏家牒》

5.《诸系谱》中田宪信编著

6.《续华族系谱》官内厅藏书

7.《栗栖文书》东大寺史料编纂所

8.《皇胤志》中田宪信编著

9.《诸氏家牒》铃木真年

10.《纪氏系图》国文学研究资料馆

11.《姓氏家系大辞典》太田亮博士

根据上述资料以及日本最早的史书《古事记》和《日本书纪》记载，首先梳理出被认为是纪氏以及平群氏等众多豪族先祖的武内宿祢。

根据《古事记》和《日本书纪》记载，孝元天皇的皇子和纪氏豪族ヤマシタカゲヒメ（也是ウズヒコ的妹妹）结婚后生下建内宿祢（武内宿祢和建内宿祢是同一人）。武内宿祢的孩子中，有一位叫木角宿祢，木角宿祢被认为是纪直、纪臣氏（同属纪氏宗族）的始祖。

武内宿祢有九个孩子，这九个孩子后来的分支成为日本古代九大豪族的始祖。根据《日本书纪》和《古事记》整理纪氏关系图如下：

1.波多（羽田）——八代宿禰（羽田、秦）、臣、林臣、波美臣、星川臣、淡海臣、長谷川部臣

2.巨勢——小柄臣、雀部臣、軽部臣

3.蘇我臣——蘇我石川宿禰、川辺臣、田中臣、高向臣、桜田臣

4.平群臣——平群都久宿禰、佐和良臣、馬みくい臣

5.木角宿禰——木臣、都怒臣、坂本臣

6.葛城長江曽都比古——玉手臣、的臣、生江臣、阿藝那臣

7.若子宿禰——江野財臣

8.久米ノ摩伊刀日売

9.努ノ伊呂日売

考察这九大豪族，我们发现和九大豪族氏族读法一致的地名都在九州北部的筑前、筑后，以及肥前等地。根据古代氏族取名惯例，我们认为武内宿祢的先祖是在北部九州。

本书第十章第二节九州王朝里也提到，九州高良大社的祭神据说就是武内宿祢。

和上述九大豪族姓氏读法一致的地名，以高良大社为中心向外辐射，都可以找到对应的地方。这一点和《松野连家谱》相互佐证。这九大地名兹摘录如下：

1. 羽田（波多）

2. 肥前基肄郡基肄（紀）

3. 肥前佐嘉郡巨势（巨势）

4. 肥前三根郡葛木（葛城）

5. 椎田町葛城村（葛城）

6. 曾我（蘇我）

7. 平群（平群）

8. 高良山附近的武雄踞说是武内宿祢的父亲

虽然日本学术界对于《古事记》和《日本书纪》所记载的史实本身抱有很大怀疑，但是我们惊奇地发现，作为日本第一部大和朝廷编纂的正统史书都想尽办法将天皇家族和纪氏连接在一起，足可以窥见当时纪氏在日本社会的巨大影响力。

接下来，我们根据历史时间顺序，梳理历史上的纪氏名人。

第一位是纪角宿祢。公元 392 年，百济的辰斯王由于言行对天皇多有得罪，纪角宿祢被派往朝鲜半岛问责辰斯王。辰斯王却被离奇杀害，辰斯王的外甥阿花王继位。（《日本书纪》记载）

第二位是纪小弓宿祢，约公元 470 年 3 月受天皇之命以新罗征讨大将军的身份远征朝鲜。此时，纪小弓宿祢刚刚遭受亡妻之痛，天皇敕令吉备上道采女大海照顾小弓，同赴朝鲜。纪小弓大破新罗联军，联军残部聚在大邱附近，奉小弓命前来剿灭的大伴谈和纪岗前来且连战死。不久，纪小弓病死在新罗前线。采女大海携纪小弓棺回国归葬，葬在今天的大阪府泉南郡。

第三位是纪小弓宿祢的儿子纪大磐。惊闻噩耗的大磐火速赶往朝鲜战场。大磐自任兵马船官，擅权独断。小弓死后，接替小弓的小鹿火宿祢听闻大磐在军中的种种行径十分生气，唆使苏我韩子除掉纪大磐。不想纪大磐先下手将苏我韩子杀害。小鹿火宿祢不久回国，回国途中驻留角国（今天的山口县），他也成为都怒国造的始祖，这是后话，姑且不表。

公元 490 年，纪大磐迁往任那，成为统治任那、新罗、百济的三韩王。

任那人左鲁运用计谋杀害适莫而解，在带山城筑城，断了百济的粮道。被激怒的百济王派出将军古而解和莫古解被大磐的军队打败。之后大磐兵力耗尽，从任那回国。大磐驻留部属300多人悉数被杀。

大磐之后到大化革新（公元645年），大将军纪南麻吕宿祢和纪臣盐手的主要活动散见于《日本书纪》。纪南麻吕参加了著名的讨伐物部氏的战争。纪臣盐手推举山背大兄王登基。

纪氏一族长期活跃于朝鲜半岛，在朝鲜半岛也开枝散叶。根据《皇胤志》以及《百济本纪》记载，纪弥麻沙出生在朝鲜半岛，是纪镰臣宿祢的孩子。弥麻沙是纪镰臣和朝鲜本岛人所生，在百济擢升至升奈率（百济官位）。

和大化革新之前的时代不同，飞鸟和奈良时代前期的纪氏一族高官辈出，权倾朝野。

大化元年八月，东国国司纪臣麻利嗜拖被贬失去官职。白雉元年（公元650年）又获朝廷重用，任左右大臣。

天智朝，纪大人臣任御史大夫。藤原廉足下葬在山阶寺时，天智天皇命纪大人臣为天皇使节替天皇诵读送终词。

进入奈良时代，纪麻吕出任大纳言，纪麻路任中纳言，纪饭麻吕任参议官。

纪橡姬和智贵皇子生下白壁王，白壁王就是后来的光仁天皇。光仁天皇即位之后，纪橡姬的父亲纪诸人（纪麻吕的外甥）追赐为太政大臣。

纪氏成为名副其实的外戚之后，纪氏家族发展速度加快。光仁天皇之后的恒武天皇时代，纪广纯和纪家守成为参议官，纪船守和纪古佐美升任大纳言，纪氏一族由于在平叛蝦夷之乱有功，纪氏一族数十人被加封为议政官。

天智朝御史大夫纪大人之子的纪麻吕在文武天皇时期的大宝元年（公元701年）和藤原不比等以及石上麻吕三人同时被封为大纳言。纪麻吕在四年后的庆云二年（公元705年）死去，文武天皇闻讯，极为痛心，为表心迹，敕令赐葬仪和宣命。同时文武天皇下令采录纪麻吕的汉诗一首入《怀风藻》。

《怀风藻》，意即"缅怀先哲遗风"。"藻"字则可能典出陆机《文赋》："藻，水草之有文者，故以喻文焉。"全诗集收录64位作者共120首作品，作者都是当时的皇族显贵，例如文武天皇、大友皇子、川岛皇子、大津皇子和其他官吏、儒生、僧侣等（其中18人兼为《万叶集》收录的和歌作者）。诗歌以五言八句为主，内容方面包括侍宴从驾、宴游、述怀、咏物等，借用儒道老庄典故，文风浮华，讲求对仗，似是深受中国六朝文学影响。

纪麻吕死后的长达 40 多年，纪氏一族再也没有出现一位参议官。一般认为这和当时朝廷的局势有重大关系。

藤原不比等在持统天皇五年七月（公元 695 年），决定篡改日本的古代历史，编纂《日本书纪》。由当时的朝廷下令将记录纪氏等 18 个氏族的活动记录《墓记》没收。这些氏族固有的活动记录和家族传承就此散失。和铜七年（公元 713 年）藤原不比等又颁布"畿内七道諸国郡鄉好字令"，要求所有地名和姓氏由一个汉字强制改为两个汉字。包含纪氏在内的记录家族历史的所有文化遗产全部化为灰烬。同时日本的地名和日本人的名字由单个汉字改为两个汉字，纪氏一族和藤原不比等等做了长期艰巨的斗争，宁死不改宗族，保障了纪氏在日本的延续。由于在这些斗争中，纪氏逐渐失去控制朝廷的重要位置，被权力核心边缘化。

直到天平宝字八年（公元 764 年），纪船守在惠美押胜之乱中杀死押胜本人，由授刀舍人升任的从七位下擢升到从五位下，后官至大纳言。公元 792 年死去时，天皇特追赐正二位右大臣。纪船守的儿子纪胜长后也官至中纳言。

同时代官至大纳言的还有纪古佐美。此外纪饭麻吕、纪广庭、纪广纯、纪家守、纪广滨、纪百继等人都官至参议官。

到了公元 10 世纪，纪长谷雄官至中纳言，其子纪淑光也官至参议官。

平安时代前期的纪氏一族在日本的文艺界也是英才辈出。和铜七年（公元 714 年），纪朝臣清人（"纪"是氏，"朝臣"为姓，"清人"是名字。"朝臣"是天武天皇十三年制定的"八色之姓"之一，纪氏由"臣"改为"朝臣"纪诸人的兄弟）由当时天皇指定和三宅臣藤麻吕共同编纂国史。纪朝臣清人是当时公认的"六大才子"之一。纪朝臣清人后来还担任治部大辅和武藏守。著名的《万叶集》就收录有纪朝清臣人的应诏歌。纪朝臣清人的儿子纪朝臣真乙后徙居添上郡，真乙的儿子核主、核继、核吉、生永、实永也都是当时文学大家，作为文臣名动一时。

日本著名的文学诗歌集《万叶集》收录有纪小鹿女郎的诗十二首。纪小鹿女郎是曾经担任过大炊头和曲铸正的纪鹿人的女儿。纪小鹿女郎的丈夫是赫赫有名的安贵王，安贵王是志贵皇子的孙子。

此外，天平年间的纪丰河和纪男梶的诗歌也有收录在《万叶集》。天武天皇和苏我氏大蕤娘所生的皇女叫纪皇女，为什么取纪氏之名，不得而知。纪皇女的诗歌也有收录在《万叶集》。

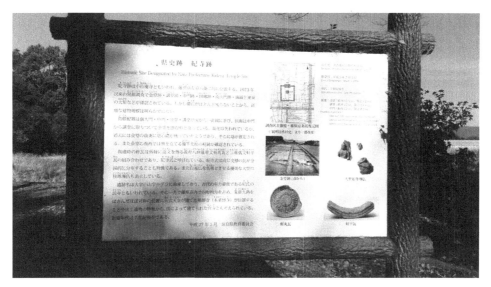

图 1-12　纪朝臣氏建造的纪氏祖庙——纪寺遗迹（奈良县明日香村小山）

　　《万叶集》是日本最早的诗歌总集，相当于中国的《诗经》。所收诗歌是自公元 4 世纪至 8 世纪中叶的长短和歌，成书年代和编者，历来众说纷纭，但多数为奈良年间（公元 710~794 年）的作品。一般认为《万叶集》经多年、多人编选传承，约在公元 8 世纪后半叶由大伴家持（公元 717~785 年）完成。其后又经数人校正审定才成现今传世版本。

　　《万叶集》的编次方法，各卷不同。有的卷按年代编次，有的卷按内容分为杂歌、挽歌、相闻歌（广义指赠答歌，狭义指恋歌）三大类，有的卷还设譬喻歌防人歌（戍边兵士歌）等目。

　　《万叶集》中有署名的作品，也有无名氏的作品。无名氏作品中有些属于民歌和民谣；具名的作品中有许多是所谓著名"歌人"的创作。集中署名的作者约450 人。

　　纪长谷雄受菅原道真的嘱托编纂了《菅家后集》，此外纪长谷雄还主持编辑了纪氏一族的诗歌汇编文集《纪家集》。纪长谷雄的儿子纪淑望还是《真名序》的作者。纪贯之和纪友则都参与《古今和歌集》的编辑。《古今和歌集》里纪贯之和纪友则写的诗歌占了一大半还多。纪氏一族巾帼不让须眉，奈良和平安时代纪氏一族涌现出众多的天皇妃嫔、宫人以及官人。奈良后期，封官晋爵的女性有 15 位。

文武朝的竈門娘（大纳言纪麻吕的女儿）和文武天皇元年（公元697年）的石川刀子娘都受封为嫔。但藤原不比等暗中策划拥立自己的外孙首皇子登基，想尽种种计谋排斥和陷害石川刀子娘所生的广世皇子和广成皇子。最终，文武天皇驾崩后的和铜六年（公元713年）石川刀子娘的封号被褫夺，两位皇子也被剥夺皇籍，贬为臣籍。藤原不比等的阴谋得逞。受石川刀子娘的牵连，竈門娘被赐死。竈門娘的侄子纪古佐美有一个妹妹叫宫子女，宫子女是光仁天皇的夫人，延历五年叙绶从三位。

奈良时代后期，纪朝臣形名叙绶正四位上。纪朝臣益女是当时著名的巫女，深受和气王（舍人亲王的孙子）宠爱，因为推翻淳仁天皇颇有功绩，从不名一文擢升至从五位上。后来受和气王谋反事件牵连，被绞杀。

纪船守的女儿，纪朝臣若子是恒武天皇朝宫人，她也是明日香亲王的生母。纪乙鱼作为恒武天皇的女御，叙绶从四位下。纪鱼员于承和二年开始侍奉平城天皇，生下叡努内亲王。纪乙鱼和纪鱼员都是纪木津鱼的女儿。纪田村子也被选入平城天皇后宫，纪全子还是阳成天皇的乳母。

大阪府南河内郡太子町春日曾经出土过纪吉继的墓志，墓志用烧制的砖块制作，该墓志详细记载了纪吉继的官位和薨去年月。纪吉继是参议官纪广纯的女儿，纪吉继是当时名动一时的女官。

纪麻吕的女儿奈贺岐娘嫁给藤原仲麻吕，也是中臣意美麻吕的妻子。她和竈門娘是姐妹。纪麻吕的妹妹大原壳嫁给藤原不比等，成为藤原不比等的妻子之一。可见当时虽然藤原不比等极力在排挤和倾轧纪氏一族，却也和纪氏一族有通婚，纪氏势力之庞大可见一斑。

平安前期，纪百继和纪广滨之后，位极公卿者几近绝迹。一直到公元10世纪前叶出现纪长谷雄，期间朝中纪氏一族位阶大多止步于正四位。究其原因，奈良后期到平安前期，朝野政治斗争和政变频繁激烈，纪氏一族在这种激烈的政治斗争中处于斗争失败的阵营。

延历四年（公元785年）九月的藤原种继暗杀事件之后，纪白麻吕受到牵连，流放隐岐。延历二十五年（公元806年）白麻吕才恢复官职。大同五年（公元810年），藤原药子之变，尾张太守纪朝臣田上贬黜至佐渡权守，后嵯峨天皇敕令回京，不久死去。其子纪深江历任伊予、备中太守。纪深江颇有官声，被誉为"循吏"。药子之变时，越后太守纪良门亦遭贬黜。承和九年（公元842年）七月的承和之变，除了橘氏和伴氏遭受巨大打击，纪氏也深受牵连，纪贞继连贬三级。纪永直和纪春常相续去官，最终贬为地方小吏。

公元 9 世纪中叶，虽然有纪名虎的两位女儿被选为贵人，入主大内，却依然没有扭转纪氏家族的衰落。纪名虎是纪胜长（中纳言）的儿子，最终止步于正四位刑部卿。纪名虎的两个女儿，纪种子位极仁明天皇的更衣，她也是常康亲王的生母。另外一个女儿纪静子是文德天皇的更衣，她也是惟条亲王和惟乔亲王的生母。受藤原良房的阻挠，作为长子的惟乔亲王与皇位终身无缘。

公元 9 世纪后半期的应天门之变，纪丰城遭连坐。肥后太守纪夏井、纪春道、纪武城等流放至土佐和上总等地。纪氏一族日渐衰落。

直到公元 10 世纪，位极中纳言的纪长谷雄受当时的醍醐天皇重用，纪长谷雄之子纪淑光成为参议官。他是纪氏一族最后的参议官。至纪淑光之后，纪氏在政治和军事上几乎失去了活跃的机会。

纵观纪氏一族，从卑弥呼和倭五王时代，因擅长军事，朝鲜半岛几乎被纪氏一族长期垄断。奈良和平安时代，纪氏武将辈出，特别是对朝鲜半岛作战，尤为突出。镇守将军纪广纯和征夷将军纪古佐美名动一时。此二人之外，纪氏武将主要活跃于奈良时代后期到平安时代前期。纪朝臣诸人在和铜二年（公元 709 年）从内藏头起步，官至征蝦夷副将军，颇受当时天皇器重。由于纪朝臣诸人的女儿是光仁天皇的生母，诸人后被追授为从一位，恒武天皇时又被追授为正一位太政大臣。

应天门之变后，纪氏一族受牵连遭贬黜的人接连不断。自此以后，纪氏一族逐渐式微，京畿中枢，活跃的大多是中下级官吏，以及八幡宫和神社的神职人员。

第二章
包荒冯河　中行独复

第一节　匪居匪康

公子忌抵达茂贺浦湖时，是孝昭天皇四年（公元前473年）的元日，按照礼制当行"告朔"和"朝正"之礼。爰方启行已逾数日，当务之急，选正地，简置宗庙，祭祀木主。另择木之修茂者为圣木，立蓂社，驱邪恶。所谓"先君宫，告成事"。公子忌和百夫长登临迫间川远处花房高台地，勘察地形。

从后来被称为花房台地的高处俯瞰整个菊鹿盆地，茂贺浦占盆地之央，周长大约为19公里，湖水异常清冽，湖呈斜躺蜥蜴状，正北方向为最窄处，东南方向的湖面最为开阔。虽无震泽水面之阔，以贺茂浦为中心，四周河网并列，稍加开垦，不失为沃野良田，湖被四周茂林葱郁包围，风光旖旎。东边的迫间川流域，地势开阔，枕山面湖，可为耕读传家之处。

又沿菊池河源流逆流而上，在源流附近觅得一株千年巨杉，以巨杉为中心，四周草木葳蕤，错落有致。忌甚是欣喜，当即唤来卜筮人，以断吉凶。

卜筮显"夬"五阳，爻辞曰："苋陆夬夬，中行无咎。"

公子忌遂抽出宝剑，百夫长手握大刀，将附近的杂木草林一并砍断，收拾出几条小道来。以宗庙为中心，分出入口两处，出入口立蓂社。社门设计颇有讲究，选粗圆圣木两根伫立，圆木长一寻一肘为宜。两个圆木之上盖笠木，横驾于圆木之上，笠木长一寻半为善。圆木入地深度约一肘，按照祖制，左圆木入地处埋金银少许，洒稻米若干。笠木之上须雕数匹神鸟屹立笠木之上，以载祖宗和神灵降福护佑。笠木正面雕刻9道锯齿沟纹，此9道沟纹藏喻神秘力量驱邪斩恶。圆木旁雕刻男女木偶两具，分立社门两侧。又在木偶附近分插木工刀剑若干，降御邪恶。社门之上，神鸟屹立，护佑四方。这一幕，被当时的原住民目睹，后来的日本社会称它为"鸟居"。

蓂社建好后，公子忌下令所有人出船行"告庙"大礼。先取出木主，立于巨杉之下，又命公子顺扮成"尸"代替宗主，一行人按左昭右穆并列两排，祭祀神主，祷告太祖降临。乞允在此立宗庙和菆社，祭祀宗庙神灵。

"告庙"结束之后，公子忌邀请在一旁围观的原住民，行"飨礼"。首先是"献宾之礼"。公子忌让顺和夫人取出福船之中美酒，向围观的各位一一献酒，起初，大家惊愕迟疑，不敢向前，但见为首的长老用手指浅抿一口，顿时舒展眉颜，竞相酌试，就这样，众人食脯醢（干肉片和肉酱），饮美酒。其乐融融，后又竟翩翩起舞，公子忌的夫人又令侍女两人升歌合乐，热络非凡，气氛融洽。

众人不断地举爵饮酒，醉而后止。和着陪奏和歌唱，一直持续到是日傍晚，尽欢而止。这大概是弥生时代最早的"乡饮酒礼"。

接下来的故事，就没有那么顺遂了。

公子忌到达的菊池盆地，属于当时狗奴国的势力范围，狗奴国是熊袭部落建立的政权，势力范围遍及当时的九州南部大部分区域。

飨礼的次日，公子忌决定带着儿子顺一起前往熊袭部落首长的驻地，拜会这位传说中凶狠矫健的熊袭王。

图 2-1　弥生时代的原住民房屋

由参加飨礼的长老带路，到了熊袭王驻地，公子忌命百夫长用绳索牢牢缚住其双手，又命夫人从宝匣中取出白玉圆璧一枚，公子忌面缚衔璧，直奔熊袭王处。入熊袭帐下，公子忌和顺以及夫人双腿跪拜，熊袭王见到面缚衔璧的公子忌，禁不住上下打量起公子忌来，虽蓬头散发，身裹玄纤缟裳，神采奕奕，不失风流倜傥。熊袭王起身，接受跪拜。公子忌连忙命顺取出口衔玉璧，置于地上。熊袭王命侍从收下玉璧，公子忌这才起身再次叩拜。

"尔等从何而来？所为何事？"熊袭王一脸狐疑问道。

"我等从卫国至此，今日面缚衔璧，欲委质之礼，乞赐居地，当效忠大王。"

只见熊袭王微微颔首，令其免礼。不久，有侍从来报，大王离席而去。

公子忌和顺这才舒心下来，总算是居有定邦，邦有定土。于是一行人折返回大船。

当日夜，熊袭王密令侍从派人随时监视忌和顺等一行的动向，有任何逾矩举动须速速禀报。

随着公子忌的到来，种植水稻、孵化蚕种、丝织、染布、刺绣、竹木漆器等农耕技术在菊池河流域得到迅速发展和推广。

几十年后，公子忌这一支和当地土著人融合发展、互相通婚、开枝散叶，成为菊池河流域核心的大家族。

公子忌到临终也没有机会再次踏上故土，亡国之殇、家族之恨日日夜夜萦绕在梦中，复国之梦是他一生的遗憾。姬氏族人也因这种复杂的家国情怀脉脉永续，生生不息。

公元 1467 年，日本发生应仁之乱，在明朝江南求学六年的一代学人、萨南学派的祖师桂庵寓居九州的菊池，他吟诗作赋，对江南的苏州、杭州念念不忘。而更巧合的是，桂庵寓居菊池的地方竟然是"姑苏"之名。往事久远，具体位置已不可考，有汉诗为证。来到菊池的姬氏先人怀念故土，在异国他乡依然眷恋姑苏明月。

其一

江亭秋色白鸥前

归客诗吟小船棹

千里南国焉能忘

姑苏台上月明天

其二
姑苏寓地白云边

吟断春花秋月天

公子忌在菊池居住不过几十年，到了顺的时候已北上迁徙至北部九州，姑苏城和吴地是他们的记忆。这种刻骨铭心的思乡之情也永远扎根在他们生活过的菊池河流域。

终生著书立说宣扬"倭人是泰伯之后"的中岩圆月也有一首著名的汉诗《思乡》，此诗是这位"五山时代"的文学开山祖师寓居元朝江南时所作。

思乡
东望故乡青海远，

十春闲却旧园花。

可怜蝶梦无凭仗，

飞遍江山不到家。

公子忌的梦魂也许会化为梦蝶，在无尽的遗憾和忧郁之中将历史的重任交给了顺，顺将会继承他的遗志和嘱托开启一个姬氏宗族在日本的新时代。

第二节　铁血哀郢

公子忌到达菊池的时间，按照日本方面的研究当属于日本的弥生时代。一般来说，弥生时代的时间大约是从公元前4世纪到公元3世纪。

以原始狩猎和采集经济活动为主的绳文时代为什么能够进入文明高度发达的稻作和铁器文明时代呢？弥生时代到底发生了什么？一般的历史学家在回答这个问题时，毫不犹豫地会说稻作和铁器是从大陆的中国传播而来。那么，究竟是如何传播而来的呢？

我们先来看看这个时期东亚大陆的制铁技术发展。

公元4世纪的中国，铁器广泛应用于农业生产。那个时候冶铁技术有两个伟大进步，一个是铸铁（生铁）冶炼技术的发明，另外一个就是铸铁柔化技术的发明。这种巨大发展不仅得益于继承和发扬了商周的青铜冶炼技术基础，也和当时劳动人民的长期积累和创新密不可分。

"天地之间，其犹橐籥乎？虚而不屈，动而愈出。"（《老子》第五章）当时的冶铁已经大规模地使用牛皮制作的鼓风设备橐，利用多个这种大的牛皮囊把空气中的氧气源源不断地通过鼓风管输送到冶铁炉内，可以大幅度提高冶铁温度。同时陶制鼓风管制作精良，和鼓风机的配合大大提高了冶铁所需要的熔炉温度。温度的提升又促使冶炼的产量和速度急剧提高。

《吴越春秋·阖闾内传》中说，吴王阖闾铸造"干将"和"莫邪"两把宝剑时，曾使用"童男童女三百人鼓橐装碳"，然后"金铁乃濡，遂以成剑"。可见在当时风管"籥"和鼓风机"橐"已经数量惊人，所以才需要众多的童工配合作业。

早期的铸铁，质地脆弱的白口铁居多，易折断，不耐用。当时的工匠们在长期的实践中摸索出通过控制热处理条件，对铸铁进行脱碳处理，大幅度提高铁铸件的机械性能和结晶组织，慢慢建立一套独步世界的铸铁热处理技术。

春秋战国时代，冶铁技术强大的国家制作出其他国家无法与之抗衡的冷兵器，这种独步一时的冷兵器也使得这些国家在称霸的战争中占据优势。由于高度发达的炉温提高技术和热处理工艺，那时的人们已经掌握可渗碳制钢技术。长江流域的吴越和楚国都是较早掌握这种碳渗透技术的国家。

1967年长沙杨家山春秋后期墓葬中，发现一口钢剑，长38.4厘米，宽2~2.6厘米，厚0.7厘米。经过取样进行金相分析，发现使用含碳量为0.5%左右的中碳钢制作。

《吴越春秋》讲到干将开采了"铁精"和"金英"冶炼宝剑，三个月没有成功。他的妻子莫邪"断发剪爪"投入冶炼炉中，因此"金铁乃濡，遂以成剑"。所谓"断发剪爪"实际上就是加入了相当的"磷"元素，起到催化剂的作用。江苏和湖北一带长期流传"焖钢"工法，把熟的铁块放在陶制或者铁质容器中，除了加入渗碳材料还使用含有磷元素的骨粉作为主要催化剂，实现碳的渗透而炼成好的钢材。

除了铁冶炼技术的高度发展，当时的人们已经掌握了矿山的勘察和铁矿石开采技术。《管子·地数篇》说"山上有赭，其下有铁，此山之荣也"。山之荣即是说此上藏有矿苗的意思。从今天湖北大冶铜绿山发现的战国铜矿来看，当时已经有效地采取了竖井、斜井、斜巷、平巷结合的开采方式，创造了分层填充的采矿办法。竖井深度50多米，竖井分成多层，每一层平巷装有辘轳，可以逐层把矿石提升至地面。井下采掘的矿石会初步选矿，泥沙和贫矿被就地填充废巷，大大提高了铁矿的品位。

春秋晚期，南方的吴越和楚地已有铁的工具和铁的农具，铲、锛、镰、凿、斧、锤等已经相当普遍。

那么同时代的日本，铁器的使用处于一个什么阶段呢？根据相关史料和研究，我们整理出了截止到目前日本全国出土的铁器分布。

表2-1　弥生时代铁器的出土分布和铁器工艺

	铁器出土遗址	时间	制造方法
1	福冈县前原市曲田遗址	弥生早期	不明
2	福冈县太宰府市吉浦遗址	弥生中期	锻造
3	福冈县北九州市中伏遗址	弥生中期	白心锻铸铁
4	福冈县北九州市马场山遗址	弥生中期前叶	板状铁器，方法不明

	铁器出土遗址	时间	制造方法
5	福冈县行桥市下桦田遗址	弥生中期前叶	推测为铸造
6	福冈县嘉麻市八王子遗址	弥生中期前半	铸造铁斧破片
7	福冈县筑上郡中桑野遗址	弥生中期初	铸造铁斧破片
8	福冈县小郡市一口遗址1	弥生前期到中期	锻造
9	福冈县小郡市一口遗址2	弥生前期末叶	铸造
10	福冈县小郡市三泽北中尾遗址	弥生中期初	铸造铁器破片
11	福冈县小郡市三泽北中尾遗址	弥生前期到中期	锻造铁板
12	福冈县小郡市北松尾口遗址	弥生前期到中期	铸造铁器破片
13	福冈县小郡市若山遗址1	弥生中期前叶	锻造
14	福冈县小郡市若山遗址2	弥生中期前叶	铸造破片
15	福冈县小郡市中尾遗址	弥生中期前叶	锻造破片
16	福冈县小郡市中尾遗址	弥生中期前叶	铸造破片
17	福冈县小郡市大板井遗址	弥生中期	铸造铁斧破片
18	福冈县朝仓市上原遗址	弥生中期	铸造铁斧破片
19	福冈县朝仓是七板遗址	弥生中期	铸造铁斧破片
20	福冈市筑紫野市贝元遗址	弥生中期前叶	棒状锻造
21	佐贺县平户市里田原遗址	弥生中期初	铸造铁器破片
22	佐贺县唐津市云透遗址	弥生中期	铸造铁斧破片
23	佐贺县神埼郡吉野里遗址1	弥生中期前半	不明
24	佐贺县神埼郡吉野里遗址2	弥生中期前半	精良铸造铁器
25	熊本县熊本市上高桥高田遗址	弥生中期前叶	铸造铁斧破片
26	山口县下关市山神遗址	弥生早期	铸造铁斧破片
27	山口县下关市宝藏寺遗址	弥生中期	不明
28	山口县下关市下七见遗址	弥生中期	铸造铁斧破片
29	山口县萩市大井宫马场遗址	弥生中期	铸造铁器破片
30	山口县下关市新张遗址	弥生前期到中期	铸造铁器破片
31	山口县下关市绫罗木乡遗址	弥生前期末叶	铸造铁器破片
32	广岛县广岛市中山遗址	弥生前期末叶	铸造铁斧破片
33	广岛县东广岛市西本6号遗址	弥生中期	铸造铁斧破片
34	爱媛县周桑郡大久保遗址	弥生前期到中期	铸造铁斧破片
35	鸟取县鸟取市亲谷上寺地遗址	弥生前期到中期	铸造铁斧破片

	铁器出土遗址	时间	制造方法
36	京都府京丹后市扇谷遗址	弥生前期	铸造
37	京都府京丹后市奈具遗址	弥生中期中叶	铸造铁斧破片
38	京都府京丹后市途中丘遗址	弥生中期后半	铸造铁斧破片
39	京都府与谢野町日吉丘遗址1	弥生中期后叶	铸造铁斧破片
40	京都府与谢野町日吉丘遗址2	弥生中期后叶	锻造
41	大阪府东大阪市鬼虎川遗址	弥生中期前半	铸造铁斧
42	大阪府东大阪市瓜生堂遗址	弥生中期后半	铸造铁斧破片
43	大阪府富田林市甲田南遗址	弥生中期中到后叶	锻造以及铸造
44	埼玉县朝霞市向山遗址	弥生中期中到后叶	铸造铁斧破片
45	神奈川县秦野市砂田台遗址	弥生中期中到后叶	铁器破片再加工

出处：服部静尚著《铁的历史和九州王朝》日本多元古代史学会会报

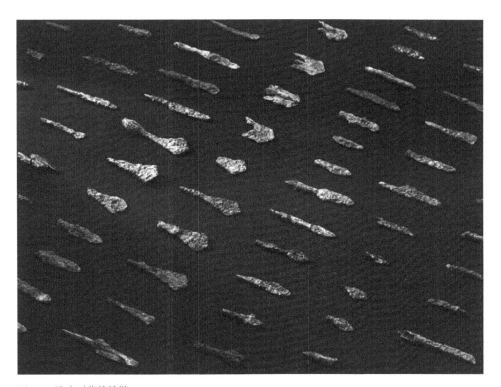

图 2-2　弥生时代的铁镞

根据以上调查结果，我们可以说弥生时代前期日本已经开始使用铁器。从中国大陆传来铁器农具，这些铁质残片被循环利用加工后，慢慢开始发展弥生时代的铁器制造技术。

九州地区，特别是北部九州在弥生时代的中期开始有了自己的铁器锻造技术，然后扩散到西日本，弥生末期传播到北陆和关东地区。虽然在弥生后期和中国本土铁器制造相比，技术拙劣，但基本上制铁技术开始渗透到了日本的大部分地区。

表2-2　弥生时代日本全国铁器出土的数量统计

地方	弥生前期		弥生中期		弥生后期	
	铁镞	其他铁器	铁镞	其他铁器	铁镞	其他铁器
北海道	1	6	1	5		1
青森		1				
岩手	1					
宫城				1	1	1
福岛				1		
次城					3	9
栃木						2
群马					16	38
琦玉				2	1	20
千叶				15	59	78
东京				3	2	32
神奈川			1	26	7	38
新潟				3	1	12
富山					1	1
石川				3	48	133
福井				2	32	806
山梨					2	17
长野				9	25	169
岐阜						1
静冈					3	34
爱知		1	1	2	10	1224

地方	弥生前期		弥生中期		弥生后期	
	铁镞	其他铁器	铁镞	其他铁器	铁镞	其他铁器
三重				1	3	4
滋贺			8	5		2
京都		1	6	281	61	89
大阪		2	10	23	26	111
兵库		4	15	64	84	165
奈良					1	5
和歌山				3	4	11
鸟取				11	38	358
鸟根				3	34	177
冈山			8	32	82	283
广岛		2	6	37	57	198
山口		7	12	58	86	122
德岛			3	28		
香川			5	56	27	26
爱媛			9	51	16	36
高知				3	45	36
福冈	2	48	46	365	231	753
佐贺		5	8	77	36	250
长崎			4	23	14	66
熊本		1	20	21	311	1254
大分		22		85	178	223
宫崎			1	6	19	13
鹿儿岛		3	1	4		3
冲绳			1			

数据来源:《弥生时代铁器总览》2000年版,广岛大学文学部考古研究室川越哲志编

全日本 1653 处遗址,发掘整理出 1053 件铁质器件(不包括铁渣)。根据地域分布我们发现在以福冈和熊本为中心的北部九州地区大量出土铁器,奈良和和歌山等后来被认为是日本政治核心的地域反而几乎没有铁器的影子。

经过深入的调查,我们认为北部九州应该是当时铁器制造和使用的中心区域。造成这种结果的答案非常明确:第一,那个时候的北部九州已经有懂得铁冶炼技术

的工匠；第二，北部九州应该会有冶铁所需要的原料。

　　按图索骥，历史上的北部九州的确存在铁的原料产地。糸岛半岛就是当时优良的砂铁产区。

图 2-3　糸岛半岛砂铁海滩

图 2-4　砂铁

图 2-5　北部九州糸岛半岛

　　砂铁是岩石中的磁铁矿经过分化和母岩分离，分离后的磁铁矿经过自然运动（风化和堆积），最后砂铁聚集在一起形成飘砂或者残留矿床，北部九州的海岸边砂铁矿就属于典型的飘砂矿床，而堆积在山涧或山地的砂铁一般称为山砂矿床。

　　菊池河流域不产铁矿石，公子忌寻遍了菊池河流域的山山水水，所谓"山之荣"的矿苗一丁点踪迹都没有。他把目光投向了北部的九州，在狗奴国的几十年，从未停止勘察北部九州的山水，总有一天要找到铁矿，制作上乘的宝剑和长矛，建立一支威武之师，实现心中的复国之梦。

　　《松野连家谱》里，到了顺和阿弓这两处，特别明确从菊池的山门乡迁徙至委奴国和怡土郡大野，怡土郡大野位置就在今天的糸岛半岛。为什么从山川秀美的鱼米之乡菊池迁徙到这里，除了内心不愿委质为熊袭之臣民和受其压迫，更重要的是必须找到铁这种富国强兵的重要资源。

九州大学放射性同位元素综合实验室曾经主持过对于梅林大谷制铁遗址、今宿烧山制铁遗址、太宰府附近制铁遗址的碳 14 测定，结果如下：

梅林大谷遗址（福冈市西区），约公元前 170 年

今宿烧山制铁遗址（福冈市西区），约公元前 290 年

太宰府制铁遗址（福冈县太宰府市），约公元前 190 年

这些数据都说明弥生时代中期，北部九州已经开始铁器的生产。

历史总是给我们一些惊人的暗示，顺和阿弓迁徙至糸岛半岛之后，大约在公元前 290 年，日本的历史开始进入铁器文明时代。

日本的弥生时代前期，部落之间战争频繁，前期出土的人骨研究表明，受到巨大杀戮和伤害的人骨比例非常之高。在青谷上寺地遗址（鸟取县）东沟坟地发掘的人骨 100 多具，这些尸体并非被埋葬，而是明显不分老幼残暴地被杀害，尸体就处于被杀害时的姿势，刀剑和铜镞的刺杀痕迹清晰可见，场面十分惨烈。弥生中期开始，这种状况逐渐有所好转。

我们已经无法想象和还原公子忌、顺、阿弓等在弥生前期所经历的苦难岁月。复国之梦顽强地逼迫他们在新天地生存下来，不仅如此，他们筚路蓝缕，从来没有停止开疆拓土建立自己的势力。公子忌一族不仅克绍其裘，恪守祖训，而且在波澜万丈、瞬息万变的历史大潮中审时度势，时而积极进取、包荒冯河，时而谨言慎行、中行独复，脉脉继承，代代生生不息。开拓江山易，保卫江山何其之艰难。为了获得铁，忌、顺、阿弓所经历的一定是饱含血和泪的岁月。

公元前 278 年秦将白起一举攻破楚国首都郢都，同一时代的屈原在汨罗江怀石自杀，写下了这首千古流传的《哀郢》。

皇天之不纯命兮，何百姓之震愆。

民离散而相失兮，方仲春而东迁。

去故乡而就远兮，遵江夏以流亡。

出国门而轸怀兮，甲之朝吾以行。

发郢都而去闾兮，怊荒忽其焉极。

楫齐扬以容与兮，哀见君而不再得。

望长楸而太息兮，涕淫淫其若霰。

过夏首而西浮兮，顾龙门而不见。

心婵媛而伤怀兮，眇不知其所蹠。

顺风波以从流兮，焉洋洋而为客。

凌阳侯之泛滥兮，忽翱翔之焉薄。

心絓结而不解兮，思蹇产而不释。

将运舟而下浮兮，上洞庭而下江。

去终古之所居兮，今逍遥而来东。

羌灵魂之欲归兮，何须臾而忘反。

背夏浦而西思兮，哀故都之日远。

登大坟以远望兮，聊以舒吾忧心。

哀州土之平乐兮，悲江介之遗风。

当陵阳之焉至兮，淼南渡之焉如。

曾不知夏之为丘兮，孰两东门之可芜。

心不怡之长久兮，忧与愁其相接。

惟郢路之辽远兮，江与夏之不可涉。

忽若去不信兮，至今九年而不复。

惨郁郁而不通兮，蹇侘傺而含戚。

外承欢之汋约兮，谌荏弱而难持。

忠湛湛而愿进兮，妒被离而障之。

尧舜之抗行兮，瞭杳杳而薄天。

众谗人之嫉妒兮，被以不慈之伪名。

憎愠惀之修美兮，好夫人之慷慨。

众踥蹀而日进兮，美超远而逾迈。

乱曰：曼余目以流观兮，冀一反之何时。

鸟飞反故乡兮，狐死必首丘。

信非吾罪而弃逐兮，何日夜而忘之。

至于后来，为了获得品位更高的磁铁矿和赤铁矿，公子忌一族的铁骑横渡对马海峡，远征朝鲜半岛，控制了今天朝鲜半岛，更是激动人心的故事。

第二章
包荒冯河　中行独复

图 2-6　公元 3 世纪的朝鲜半岛

第三章
天潢贵胄　燮和天下

第一节　朝宗觐遇

《松野连家谱》所包含的信息是惊人的。

根据日本国会图书馆馆藏版本《松野连家谱》，公子忌和顺之后，花开两朵，一支居熊本菊池河流域，一支迁徙到北部九州福冈。《松野连家谱》里包含的众多人物声名显赫，放在当时的东亚大历史背景中，更是令今日的历史研究者既激动又惊愕。

先说历史大事件，迁徙至北部九州的阿弓这一支，于建武中元二年（公元 57 年）抵东汉的首都洛阳朝贡，光武帝赐印绶。1784 年，在福冈的志贺岛发现"汉委奴国王"金印。中国的《后汉书·光武帝纪》《后汉书·东夷列传》都有明确的记载。

至于国际上有一些学者认为这枚金印是赝品，因为金印钮作蛇形，印文雕刻而非铸出，和中国的印绶制度不符。但是我们惊喜地看到，1956 年在中国云南考古

图 3-1　日本福冈县出土的汉委奴国王金印

图 3-2　云南出土滇王金印印文　　　　　　　　图 3-3　滇王金印形制

调查中发现的滇王金印也具有蛇形的钮，印文也是刻凿不是铸出。对照《史记·西南夷列传》确认是元封二年（公元前 109 年）西汉武帝所赐。基于此，我们认为中国的历史记载是正确无误的。

　　第二次是东汉永初元年（公元 107 年）十月，倭国遣使到洛阳朝贡。《后汉书·孝安帝纪》说："冬十月，倭国遣使奉献。"《后汉书·东夷列传》说："安帝永初元年，倭国王帅升等献生口百六十人，愿请见。"

　　接着是魏景初三年（公元 239 年）到正始八年（公元 247 年），卑弥呼以及她的继位者台与多次遣使到洛阳向魏进贡，魏朝由带方郡派官员到邪马台国回访，历史上的邪马台国和魏的邦交进一步确立。

　　卑弥呼以及台与之后，登上历史舞台的是赫赫有名的"倭五王"。按照先后顺序，依次是"赞、珍、济、兴、武"。倭五王旁注里亦有当时南朝宋的皇帝对倭五王的除授。对照中国的《晋书·安帝纪》《梁书·倭国传》《宋书·倭国传》记载，这些皆为史实。

　　倭五王之后的哲（末代倭王）、满、牛慈、长提、大野、广石等应该是姬氏一族逐渐失去对局势的掌控后，大权旁落，从统治中枢向地方豪族转变的反映。满之后的牛慈旁注里"金刺宫御宇降服为夜须评督"，以及长提旁注"小治田朝评督筑紫国夜须郡松峡野住"等都反映了此时的姬氏一族从中央贵胄向地方簪缨的转变。

　　我们再看《松野连家谱》里出现的人物。

　　1. 熊鹿文，姬氏，称卑弥子。请注意卑弥子的发音和卑弥呼是一致的。至于为什么称卑弥子，当时的东海岛国被认为是太阳升起来的地方，故称为"太阳之子"或"日之子"（Hinoko），这个日之子的发音逐渐演变成今天的"Himiko"。与此相对应，江南的吴越被认为太阳落下去的地方，故被称为"暮"（Kure），逐渐演变成"吴"（Kure）。后来日本社会留有吴文化的痕迹，日语发音来自吴音，日本的传统服饰称为吴服，《日本书纪》和《古事记》等很多地方都出现吴使的记载。关于这些内容，后面章节专门有补充，在此不再赘述。

2. 刀良，姬氏，称卑弥呼。宣帝时遣使礼汉。

3. 厚鹿文和秨鹿文。根据《日本书纪》记载，此二人都是熊襲帐下的大将，景行天皇在征伐时也是极力避开此二人锋芒。

4. 市乾鹿文和市鹿文。根据《日本书纪》记载，此二人都皆文韬武略，一表人才，是兄弟。

5. 取石鹿文和石鹿文。根据《日本书纪》记载，此二人均是熊襲的作战主帅。

6. 伊馨耆和掖邪狗。根据《三国志·东夷传》记载正始四年（公元243年）此二人是卑弥呼派往魏朝的正副使节自称大夫。

7. 难升米（难外米，国会图书馆版记载为难外米，静嘉堂文库版记载为难升米），根据《三国志·东夷传》难升米于景初二年六月第一次出使魏朝，受封率善中郎将。据此判断应该就是《松野连家谱》里的难外米。

《松野连家谱》目前两个版本，分别保管在日本国会图书馆和日本静嘉堂文库，关于这两个版本，我在2019年访问日本时，两个版本都确认过真迹，内容上部分有一些出入。《松野连家谱》有一些地方出现年代明显的谬误，考虑到后来的大和朝廷强制没收《墓记》（记载家族历史和家谱资料）和大幅度人为篡改日本的古代历史，以及藤原不比等颁布"好字令"等客观因素，姬（纪）氏倭王后裔们只能凭口口相传，延续家族的宗谱，出现一些年代和信息上的谬误，我们认为是情有可原的。

在解读《松野连家谱》之前，其实很有必要了解当时中国和日本以及朝鲜半岛的国际关系。

无论是朝鲜半岛还是日本，他们走向国际化的主要目标在于东亚大陆的中国。从公元1世纪开始，日本长期谋求与中国交往。东亚国际形势以及本国国内局势的变化使得中国与日本以及朝鲜半岛的关系始终处于不断变化之中。

按照历史顺序，古代日本和中国的交往整理如下。

1. 根据《后汉书·光武帝纪》《后汉书·东夷列传》记载，建武中元二年（公元57年）奴国王遣使礼汉。

图3-4 关于朝鲜半岛，一直到晋怀帝永嘉七年一直处于中国实际统治和管理之下，参照东亚局势地图

2.根据《后汉书·孝安帝纪》记载，永初元年（公元107年）冬十月倭国王帅升等献生口百六十人，愿请见。

3.根据《后汉书·东夷列传》《三国志·魏志·乌丸鲜卑东夷传》《梁书》以及朝鲜半岛《三国史记·新罗本纪》记载，男王统治邪马台国约七八十年后，到了2世纪60~70年代，也即是东汉的桓、灵帝之间，倭国大乱。倭国大乱之时，中国汉末的"中平之乱"给黄河流域带来巨大的灾难，倭国和以洛阳为都城的东汉朝廷失去了官方交往。

4.公元3世纪初，倭国大乱结束，开始了以邪马台国女王卑弥呼为代表的新时期。当时中国分裂为魏、蜀、吴，进入了三国时代。魏的势力最大，控制中国的黄河流域。明帝景初二年（公元238年），司马懿剿灭割据辽东的公孙渊部，收复汉朝设在朝鲜半岛的乐浪、带方两郡。卑弥呼闻讯后，连忙派遣难升米于次年也就是景初三年（公元239年）前往带方郡，进而到达洛阳。

5.正始元年（公元240年），带方太守弓遵遣建中校尉梯儁等人携带诏书印绶前往倭国，封卑弥呼为假倭王，并赐予金、帛、锦罽、刀、镜、采物，倭王也遣使上表答谢恩诏。

6. 正始四年（公元 243 年），卑弥呼再次派遣使大夫伊声耆、掖邪狗等八人，向曹魏上贡生口、倭锦、绛青缣、绵衣、帛布、丹木、短弓矢。掖邪狗等人被曹魏授予率善中郎将印绶。

7. 正始六年（公元 245 年），曹魏下诏赐倭国的难升米黄幢，带方郡假授。

8. 正始八年（公元 247 年），新的带方太守王颀到任。卑弥呼女王与南部的狗奴国男王卑弥弓呼素来不和，遣倭载斯、乌越等人到带方郡陈述两国互相攻击的情况。太守王颀派塞曹掾史张政等人携带诏书、黄幢，以难升米为向导前往倭国斡旋劝告两国和平共处。卑弥呼此时已死，正修建大墓，直径百余步，殉葬奴婢百余人。邪马台另立男王，国中贵族不服，相互诛杀，死者千余人。复立卑弥呼 13 岁的宗女台与为女王，国中遂定。张政等曹魏的旨意告喻台与，台与派倭国大夫、率善中郎将掖邪狗等 20 人送张政等回国，并贡献男女生口 30 人，白珠五千，孔青大句珠两枚，异文杂锦 20 匹。

从景初三年到正始八年短短的 8 年之内，邪马台国派遣使者经过带方郡来访洛阳 3 次，专程访问带方郡 1 次，魏国访问邪马台国 2 次。两国交往之频繁，关系之密切，在古代东亚大陆的历史上极为罕见。邪马台国不仅完成了对于九州北部的完全掌控，也取得了中国的绝对支持，还顺利开辟了一条从东海经过朝鲜半岛到达东亚大陆统治核心的重要文化和经贸"丝绸之路"。

泰始元年（公元 265 年），晋武帝废黜魏帝即位。此时台与 31 岁，她于泰始二年（公元 266 年）派遣使者到洛阳朝贡，企图维持景初以来的友好关系。泰始三年之后，两国之间的交往从史书中消失。虽然史书上不见官方的记载，但是 3 世纪末至 4 世纪，中国的江南和日本的民间交流仍然存在。这一点通过中日两国出土文物可以说明。奈良新山古坟和福井泰远寺山古坟出土的铜带饰，明显是西晋后期至东晋前期从江南直接传入日本的。当时江南的吴国已经灭亡，但是吴越故地去日本列岛谋求贸易和交往的人民依然活跃。关于西晋时代中国和日本的贸易往来，从福冈县太宰府的都府楼遗址发掘文物来看也可以得到佐证。关于这一点，本书第七章我们会专门介绍。

从晋惠帝永平元年（公元 291 年）开始，中国发生了所谓"八王之乱"。八王之乱是发生于中国西晋时期的一场皇族为争夺中央政权而引发的内乱，因皇后贾南风干政弄权所引发。这次动乱共历时 16 年，分为前后两个阶段：第一阶段从元康元年（公元 291 年）三月到六月，持续 3 个月；第二阶段，从元康九年（公元 299 年）到光熙元年（公元 306 年），历时 7 年。其核心人物有汝南王司马亮、楚王司马玮、赵王司马伦、齐王司马冏、长沙王司马乂、成都王司马颖、河间王司马颙、东海王司马越八王。西晋皇族中参与这场动乱的王不止八个，但八王为主要参与者，且《晋书》将八王汇为一列传，故史称这次动乱为"八王之乱"。

八王之乱是中国历史上最为严重的皇族内乱之一，当时社会经济遭到严重的破坏，导致了西晋亡国以及近三百年的动乱，使之后的中原北方进入十六国（五胡乱华）时期。

西晋八王之乱后，西晋政权衰弱，经济残破，社会矛盾尖锐，南下蛮族趁机起兵反晋。永兴元年（公元 304 年），南匈奴贵族刘渊在左国城（今山西离石）起兵，建立汉政权。永嘉三年（公元 309 年），南匈奴两次进攻洛阳，被西晋击退。永嘉五年（公元 311 年），刘渊之子刘聪遣石勒、王弥、刘曜等率军攻晋，在宁平城之战中歼灭晋军主力，杀晋太尉王衍及诸王公，第三次进攻洛阳并将之攻破，俘获晋怀帝，杀王公士民三万余人。永嘉七年（公元 313 年），晋怀帝于平阳遇害之后，司马邺于长安即皇帝位，改元建兴。后建兴四年（公元 316 年），刘曜又攻入长安，俘晋愍帝，西晋灭亡。

公元 307 年（永嘉元年），永嘉之乱发生。永嘉之乱，是西晋后期匈奴军攻破晋都，俘虏晋帝，最终使西晋灭亡的历史事件。因该事件主要发生于晋怀帝永嘉年间（公元 307~313 年）而称为"永嘉之乱"。

永嘉之乱是使中国汉地在短暂统一后再次由统一走向分裂的重大事件。永嘉之乱后，晋朝统治集团南迁至汉地南部，定都建康（今江苏省南京）建立东晋，史称"衣冠南渡"。中国北方地区则进入五胡十六国时期。

晋穆帝升平元年（公元 357 年）至孝武帝太元七年（公元 382 年），以长安为都城的前秦逐渐征服黄河流域。太元八年（公元 383 年）的淝水之战，前秦势力瓦解，黄河流域再次陷入四分五裂状态。从永嘉之乱到北魏太延五年（公元 439 年）北魏灭北凉统一华北，黄河流域的战乱和分裂持续 130 多年，生灵涂炭，百姓苦不堪言。

在这种极其混乱和恶劣的情况下，当时的倭国与中国北方政权没有办法也不可能去建立来往。但是"衣冠东渡"的东晋王朝一直和朝鲜半岛保持密切的来往。高句丽早在晋成帝咸康二年（公元 336 年）便遣使到建康肆觐。百济也在简文帝咸安二年（公元 372 年）开始派出使者礼东晋。在此种情势下，倭国已充分认识到和东晋建立外交关系的紧迫性。

原因在于，永嘉七年（公元 313 年）以后，乐浪郡和带方郡陷落，中国丧失了在朝鲜半岛的统治。高句丽占据半岛的北部到中部，百济和新罗崛起，分别控制半岛的西南和东南。

但是限于当时黄河流域的混乱局面和高句丽的阻挠，倭国和中国的交往在公元 4 世纪完全成为"空白的世纪"。

晋安帝义熙九年（公元 413 年），倭国的使者终于来到建康（今天的南京），才结束约 145 年（公元 267~412 年）的交往空白期。

公元 4 世纪，按照日本的历史研究，弥生时代结束，日本进入了"古坟时代"。古坟时代，日本国力各个方面都有显著的发展和提高，倭王急切谋求海外扩张，首先是控制朝鲜半岛的百济和新罗，进而和高句丽抗争。为了实现"北上扩张"，获得中国方面的支持显得极为迫切。

根据《宋书倭国传》记载，从义熙九年（公元 413 年）到宋顺帝昇明二年（公元 478 年），倭五王向东晋和南朝的宋遣使共达 10 次之多。

永初二年（公元 421 年），宋武帝始授倭王赞官职。

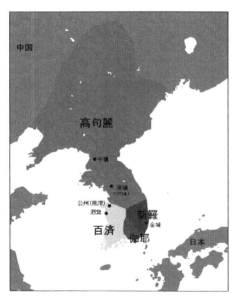 

图 3-5　永嘉之后的朝鲜半岛势力范围　　　图 3-6　公元 4 世纪的东北亚势力图

元嘉十五年（公元 438 年）倭王珍自称"使持节都督倭、百济、新罗、任那、秦韩、慕韩六国诸军事，安东大将军"，宋文帝仅仅授了珍安东将军。

元嘉二十年（公元 443 年），宋文帝授倭王济为安东将军。

元嘉二十八年（公元 451 年），宋文帝始授倭王济为使持节都督倭、新罗、任那、加罗、秦韩、慕韩六国诸军事，而授安东将军如故。

大明六年（公元 462 年），宋孝帝授倭王兴为安东将军。

昇明二年（公元 478 年），倭王武自称"使持节都督倭、百济、新罗、任那、加罗、秦韩、慕韩、六国诸军事，安东大将军。"

昇明二年，倭王武向宋顺帝上表。

《宋书·倭国传》记载的上表文全文如下：

> 封国偏远，作藩于外，自昔祖祢，躬擐甲胄，跋涉山川，不遑宁处。东征毛人五十五国，西服众夷六十六国，渡平海北九十五国，王道融泰，廓土遐畿，累叶朝宗，不衍于岁。臣虽下愚，忝胤先绪，驱率所统，归崇天极，道径百济，装治船舫，而句丽无道，欲图见吞，掠抄边隶，虔刘不已，每致稽滞，以失良风。虽曰进路，或通或不。臣亡考济实忿寇雠，壅塞天路，控弦百万，义声感激，方欲大举，奄丧父兄，使垂成之功，不获一篑。居在谅闇，不动兵甲，以是偃息未捷。至今欲练甲治兵，申父兄之志，义士虎贲，文武效功，白刃交前，亦所不顾。若以帝德覆载，摧此强敌，克靖方难，无替前功。窃自假开府仪同三司，其余咸各假授，以劝忠节。

通读全文，西周春秋时代的文人气息跃然于纸上，全文多有引用《左传》《毛诗》等中国古典之处，毫无疑问作者汉文学素养深厚，应该是出自东渡日本的所谓"渡来人"之手。

根据日本学者坂本太郎等考证，应当是出自身村侠主青之手笔。身村侠主青为雄略天皇时人，属三国时期吴国国主孙权长子孙登后裔移民。这位身村侠主青来自吴地，文笔工整，历史上多次代表当时的日本政府出使吴地，在日本与当时南朝的对外交往中，扮演着极其重要的角色。

关于身村侠主青我们在本书第 9 章还将专门讲述。

第二节　匡继周室

姫氏一族衣冠东渡之后，以姫氏卑弥呼为主要代表的女王究竟建立了一个什么样的国家，居住在那里的人们衣食住行和婚丧嫁娶又是怎样的呢？查找中国历史史料，记载有关倭人和倭国的史书如下：

1.《论衡》："周时天下太平，越裳献白雉，倭人贡鬯草"。

2.《山海经》："盖国在钜燕南，倭北，倭属燕"。

3.《汉书地理志》："夫乐浪海中有倭人，分为百余国，以岁时来献见"。

4.《后汉书》，"建武中元二年，倭奴国奉贡朝贺，使人自称大夫，倭国之极南界也。光武赐以印绶。安帝永初元年，倭国王帅升等献生口百六十人，愿请见"。

5.《三国志·魏书·乌丸鲜卑东夷传》（参见本章附录全文）

6.《晋书》，记载"倭人出自泰伯之后"。

7.《宋书》，记载"倭人出自泰伯之后"。

8.《南齐书》

9.《梁书》

10.《梁职贡图》

11.《北史·倭国传》

12.《南史·倭国传》

13.《隋书·东夷传》

14.《新唐书》，首次出现"日本"。

15.《旧唐书》

虽然学术界有不同声音，后世的史书记载细节和文字上多有出入，但基本上《三国志·魏书·乌丸鲜卑东夷传》关于倭国以及倭人生活风俗有最早和最详尽的记载。现将原文摘录如下，全面分析当时的国家和生活风貌。

全文摘录如下：

　　倭人在带方东南大海之中，依山岛为国邑。旧百余国，汉时有朝见者，今使译所通三十国。从郡至倭，循海岸水行，历韩国，乍南乍东，到其北岸狗邪韩国，七千余里，始度一海，千余里至对马国。其大官曰卑狗，副曰卑奴母离。所居绝岛，方可四百余里，土地山险，多深林，道路如禽鹿径。有千余户，无良田，食海物自活，乘船南北市籴。又南渡一海千余里，名曰瀚海。至一大（注：此字疑为支之误）国，官亦曰卑狗，副曰卑奴母离。方可三百里，多竹木丛林，有三千许家，差有田地，耕田犹不足食，亦南北市籴。又渡一海，千余里至末卢国，有四千余户，滨山海居，草木茂盛，行不见前人。好捕鱼鳆，水无深浅，皆沉没取之。

　　东南陆行五百里，到伊都国，官曰尔支，副曰泄漠觚、柄渠觚。有千余户，世有王，皆统属女王国，郡使往来常所驻。东南至奴国百里，官曰兕马觚、副曰卑奴母离，有二万余户。东行至不弥国百里，官曰多模，副曰卑奴母离，有千余家。南至投马国，水行二十日，官曰弥弥，副曰弥弥那利，可五万余户。南至邪马壹（注：应是台之误）国，女王之所都，水行十日，陆行一月。官有伊支马，次曰弥马升，次曰弥马获支，次曰奴佳鞮，可七万余户。自女王国以北，其户数道里可得略载，其余旁国远绝，不可得详。次有斯马国，次有巳百支奴国，次有伊邪国，次有都支国，次有弥奴国，次有好古都国，次有不呼国，次有姐奴国，次有对苏国，次有苏奴国，次有呼邑国，次有华奴苏奴国，次有鬼国，次有为吾国，次有鬼奴国，次有邪马国，次有躬臣国，次有巴利国，次有支惟国，次有乌奴国，次有奴国，此女王境界所尽。其南有狗奴国，男子为王，其官有狗古智卑狗，不属女王。自郡至女王国万二千余里。

　　男子无大小皆黥面文身。自古以来，其使诣中国，皆自称大夫。夏后少康之子封于会稽，断发文身以避蛟龙之害，今倭水人好沉没捕鱼蛤，文身亦以厌大鱼水禽，后稍以为饰。诸国文身各异，或左或右，或大或小，尊卑有差。计其道里，当在会稽、东治（注：此字疑为冶之误）之东。其风俗不淫，男子皆露紒，以木绵招头。其衣横幅，但结束相连，略无缝。妇人被发屈紒，作衣如单被，穿其中央，贯头衣之。种禾稻、纻麻、蚕桑、缉绩，出细纻、缣绵。其地无牛马虎豹羊鹊。兵用矛、楯、木弓。木弓短下长上，竹箭或铁镞或骨镞，所有无与儋耳、朱崖同。倭地温暖，冬夏食生菜，皆徒跣。有屋室，父母兄弟卧息异处，以朱丹徐其身体，如中国用粉也。食饮用笾豆，手食。其死，有棺无椁，封土作冢。

始死停丧十余日，当时不食肉，丧主哭泣，他人就歌舞饮酒。已葬，举家诣水中澡浴，以如练沐。其行来渡海诣中国，恒使一人不梳头，不去虮虱，衣服垢污，不食肉，不近妇人，如丧人，名之为持衰。若行者吉善，共顿其生口财物。若有疾病，遭暴害，便欲杀之，谓其持衰不谨。出真珠、青玉。其山有丹，其木有柟、杼、豫樟、楺栎、橿、乌号、枫香，其竹筱簳、桃支。有姜、桔、椒、蘘荷，不知以为滋味。有猕猴、黑雉。其俗举事行来，有所云为，辄灼骨而卜，以占吉凶，先告所卜，其辞如令龟法，视火坼占兆。其会同坐起，父子男女无别，人性嗜酒。见大人所敬，但搏手以当跪拜。其人寿考，或百年，或八九十年。其俗，国大人皆四五妇，下户或二三妇。妇人不淫，不妒忌。不盗窃，少诤讼。其犯法，轻者没其妻子，重者灭其门户。及宗族尊卑，备有差序，足相臣服。收租赋。有邸阁。国国有市，交易有无，使大倭监之。自女王国以北，特置一大率，检察诸国，诸国畏惮之。常治伊都国，于国中合如刺史。王遣使诣京都、带方郡、诸韩国，及郡使倭，皆临津搜露，传送文书赐遣之物诣女王，不得差错。下户与大人相逢道路，逡巡入草。传辞说事，或蹲或跪，两手据地，为之恭敬。对应声曰噫，比如然诺。

其国本亦以男子为王，住七八十年，倭国乱，相攻伐历年，乃共立一女子为王。名曰卑弥呼，事鬼道能惑众，年已长，无夫婿，有男弟佐治国。自为王以来，少有见者。以婢千人自侍，唯有男子一人给饮食，传辞出入。居处宫室楼观，城栅严设，常有人持兵守卫。女王国东渡海千余里，复有国，皆倭种。又有侏儒国在其南。人长三四尺，去女王四千余里。又有裸国、黑齿国复在其东南，船行一年可至。参问倭地，绝在海中洲岛之上，或绝或连，周旋可五千余里。

景初二年六月。倭女王遣大夫难升米等诣郡，求诣天子朝献，太守刘夏遣吏将送诣京都。其年十二月，诏沼书报倭女王曰："制诏亲魏倭王卑弥呼：带方守刘夏遣使送汝大夫难升米、次使都市牛利奉汝所献男生口四人，女生口六人，班布二匹二丈，以到。汝所在逾远，乃遣使贡献，是汝之忠孝，我甚哀汝。今以汝为亲魏倭王，假金印紫绶，装封付带方太守假授。其绥抚种人，勉为孝顺。汝来使难升米、牛利涉远，道路勤劳，今以难升米为率善中郎将，牛利为率善校尉，假银印青绶，引见劳赐遣还。今以绛地交龙锦五匹、绛地绉粟罽十张、蒨绛五十匹、绀青五十匹，答汝所献贡直。又特赐汝绀地句文绵三匹、细班华罽五张、白绢五十匹、金八两、五尺刀二口、铜镜百枚、真珠、铅丹各五十斤。皆将封付难升米、牛利还到录。悉可以示汝国中人，使知国家哀汝，故郑重赐汝好物也。"

正始元年，太守弓遵遣建中校尉梯俊等奉诏书印绶诣倭国，拜假倭王。并赍诏赐金、帛、锦罽、刀、镜、采物，倭王因使上表答谢恩诏。其四年，倭王复遣使大夫伊声耆、掖邪狗等八人，上献生口、倭锦、绛青缣、绵衣、帛布、丹、木㭨、短弓矢。掖邪狗等壹拜率善中郎将印绶。其六年，诏赐倭难升米黄幢，付郡假授。其八年，太守王颀到官。倭女王卑弥呼与狗奴国男王卑弥弓呼素不和，遣倭载斯、乌越等诣郡说相攻击状。遣塞曹掾史张政等因赍诏书、黄幢，拜假难升米为檄告喻。卑弥呼以死，大作冢，径百余步，殉葬者奴婢百余人。更立男王，国中不服，更相诛杀，当时杀千余人。复立卑弥呼宗女壹与，年十三为王，国中遂定。政等以檄告喻壹与，壹与遣倭大夫率善中郎将掖邪狗等二十人送政等还，因诣台，献上男女生口三十人，贡白珠五千孔，青大句珠二枚，异文杂锦二十匹。

我们透过全文，仿佛看到一幅栩栩如生的生活画卷。在这幅画卷上的人们，生活秩序井然，宗族和阶层清晰，尊卑贵贱一目了然。生口、下户、大人、王共同构成社会的金字塔结构，下户和大人之间的相见逡巡和跪拜之礼正是尊卑的体现。王居楼宫，有护栅，有持矛之兵把守。对外一切外交事宜，王掌控严密，皆临津搜漏。对内，每个属国由女王委派监察，行使监督和管理的职能。国家的财政收入来自于租和赋，每个国家有集市，开展商业贸易，商业贸易亦设有监察，由国家派驻。国家除了用"礼制"来约束下户，收取赋税，还通过"重典"来控制不法者。所谓"轻者没妻，重则灭门"，礼制和重典之下，换来整个国家的"不盗窃，少诤讼"。

再来看几个细节。

倭国的士兵使用矛和弓以及楯，铁镞的制作和使用已经很普遍，虽然无法得知矛是铜还是铁，但从铁镞的普遍使用推测，铁矛应该可以制作。

中国春秋时代，贵族都用马车作战，双方往往排列成了整齐的车阵，然后交战。战车最早在夏王启指挥的甘之战中使用。以后战争规模越来越大，战车成为战争的主力和衡量一个国家实力的标准，到春秋时出现了"千乘之国""万乘之国"。到了汉代，随着骑兵的兴起，战车逐渐退出了战争舞台。

矛就应这种车战而生，古代多用于直刺、扎挑格斗的冷兵器，由矛头和矛柄组成。矛头多以金属制作，矛柄多采用木、竹和藤等材料制作，也有用金属材料的。矛长通常为 1.8~2.7 米，有的达 4 米多。矛头一般长 40 厘米，有的达 80 多厘米。早期的矛头为石头或兽骨，随着科学技术的发展出现了青铜和铁制矛头。

吴王夫差矛是中国春秋末期吴王夫差使用的一把青铜矛。于 1983 年 11 月在湖北省江陵县的楚墓出土，仅存矛头，现藏于湖北省博物馆。矛头为青铜铸造，长 29.5 厘米，宽 5.5 厘米。矛身有黑色花纹，材料为铜和锡，正面有"吴王夫差自乍（作）用"铭文，矛刃锋利，其铸造工艺之精细为同类兵器所少见。

弥生时代的前期已经普遍使用矛和铁器不得不令人惊讶，因为从时间上对比，几乎和中国的春秋战国同步。从后来日本本土的铁镞的出土遗迹碳 14 测定情况来看，也证明北部九州几乎在中国春秋之后同步出现了铁镞。

为了统治属国，女王置一大卒，监督检察诸城邦国家。为什么叫"大卒"，"大卒"是什么机构呢？《史记·周本纪》记载"武王使师尚父与百夫致师，以大卒驰帝纣师"。调查周朝兵制，方知大卒乃是天子六军之一。中国用兵始于黄帝，兵制大备于周朝。周设大司马以掌天下之兵，四方有警则征用诸侯军队。周王（天子）有六军，大国（上公）有三军，次国（侯伯）有二军，小国（子男）有一军。周军建制，分为军、师、旅、卒、两、伍六等。每军 12500 人，由 1 名军将（卿）统领；每师 2500 人，由 1 名师帅（中大夫）统领；每旅 500 人，由 1 名帅（下大夫）统领；每卒 100 人，由 1 名卒长（上士）统领；每两 25 人，由 1 名司马带领；每伍 5 人，由 1 名伍长带领。军队的核心由王家与贵族子弟（"王族"与"多子族"）所组成，基干力量是征发平民组成的甲士。

"一大卒"是多少人，我们不得而知，不过卒是王师，听命于王。结合周朝的兵制大卒应该超过 100 人。从称呼可见，姬氏的卑弥呼女王应该是吸取并且部分延用周朝兵制，将直属于她的军队直接派驻用来震慑和监督附属城邦国家。

中国古代，对于属国的监察体制滥觞于武王克殷。周武王克殷之后，殷贵族在原来京畿的势力还是很强大，为了安抚笼络，从京畿分割出一部分地区作为王子禄父（武庚）的封国，同时设置"三监"加以监督控制。武王封商纣王之子武庚于商都，并将商的王畿分为卫、鄘、邶3个封区，分别由武王弟管叔（东卫管叔鲜）、蔡叔（南鄘蔡叔度）、霍叔（北邶霍叔处）去统治，以监视武庚，称为三监。姬氏卑弥呼女王继承周制，统治和监督附属城邦，亦属自然。

倭国民间大小事宜，灼骨占卦，以问凶吉。卑弥呼事鬼道，能惑众。可见当时的朝廷到民间龟卜和巫术流行。

龟占和筮卜都是从商代开始，到战国时代还很流行，按照《汉书·艺文志》的说法，这种依托鬼神的数术分六类，即天文、历谱、五行、蓍龟、杂占、形法。当时掌握这些知识和能够根据龟占和筮卜现象予以判断读解的，多由史官兼任。《周礼·春官》记载太师之职，"太师，抱天时与太师同车"。《郑玄注》引郑司农曰："大出师则太史抱式以知天时，处吉凶。"可见龟占和筮卜需要学习和掌握极其高层次的学养，还得接受宫廷的专门培养。能够掌握并且服务于统治阶级，绝非一般人可以。

如果我们把倭人日常生活和春秋时吴越之地生活做详细对比研究，就会发现很多地方明显有春秋之际吴越之地人们的生活习惯。

表 3-1　史书对吴越之地生活描述

项目	《倭人传》描述	中国史书对于吴越之地生活描述
衣	作衣如单被，穿其中央，贯头衣之	《后汉书·南蛮西南夷列传》，邑豪岁输布贯头衣二领
	断发文身以避蛟龙之害	《史记·吴世家》，文身断发，示不可用
食	倭水人好沉没捕鱼蛤 种禾稻	《史记·吴世家》，楚越之地，地广人稀，饭稻羹鱼
	倭地温暖，冬夏食生菜，皆徒跣 食海物自活	《博物志》，东南之人食水产，鱼、鳖、螺、蚌以为珍味，不觉其腥臊也
住	居处宫室楼观，城栅严设，滨山海居	《博物志》，南越巢居，北溯穴居，避寒暑也
行	乘船南北市籴，循海岸水行	《淮南子·原道训》，九疑之南，陆事寡而水事众

项目	《倭人传》描述	中国史书对于吴越之地生活描述
礼	见大人所敬，但搏手以当跪拜	《周礼·春官·太祝》，振动，战栗变动之拜
	其使诣中国，皆自称大夫	《礼记》，天子有三公、九卿、二十七大夫
	下户与大人相逢道路，逡巡入草	《礼记·曲礼》，遭先生于道，趋而进，正立拱手
	传辞说事，或蹲或跪，两手据地，为之恭敬。对应声曰噫，比如然诺	《周礼》，空手者，先以两手拱至地，乃头至手，是为空首也 《礼记·曲礼》，父召无诺，先生召无诺，唯而起
	始死停丧十余日	《礼记·王制》，大夫，士，庶人，三日而殡，三月而葬
	当时不食肉，丧主哭泣，他人就歌舞饮酒 已葬，举家诣水中澡浴，以如练沐	《孟子·离娄下》，虽有恶人，斋戒沐浴，则可以祀上帝
	食饮用笾豆，手食	《东周列国志》，食品数百，外加笾豆六器
陵	其死，有棺无椁，封土作冢	《周礼·春官·冢人》，冢，封土为丘垄，象冢而为之。冢，秦晋之间谓之坟

当时倭人使用笾豆作为盛饭菜的器皿，用手直接抓取食物。笾和豆，古代商周祭祀及宴会时常用的两种礼器。竹制为笾，木制为豆。《礼记·礼器》："三牲鱼腊，四海九州之美味也；笾豆之荐，四时之和气也。"孔颖达疏："盛其馔者，即三牲鱼腊笾豆是也。"《后汉书·东夷列传·濊》："其人终不相盗，无门户之闭。妇人贞信。饮食以笾豆。"《旧唐书·后妃传上·中宗韦庶人》："帝纳其言，以后为亚献，仍以宰相女为齐娘，以执笾豆。"《礼记》里规定："天子之豆二十有六，诸公十有六，诸侯十有二，上大夫八，下大夫六。"倭国人普遍使用笾豆，可见这一周朝的饮食器皿已经渗透至倭人生活。

《礼记·曲礼》说："羹之有菜者用梜，其无菜者不用梜。"说明吃菜羹需要用筷子夹取汤中菜来吃，没有菜的羹就不用筷子而是只用汤匙。倭人用手食，这一点晚于中国。

虽然当时的倭人种禾稻，部分地方虽田犹不足食，所以食海物以自活。倭地产姜、椒、橘、蘘荷，但不知怎么用这些东西调味。

中国的战国时期，烹饪调味技术取得巨大进步和发展。《吕氏春秋》有《本味篇》，记载伊尹以调味进说于汤的故事，这是小说性质，《汉书·艺文志》小说家注录有《伊尹说》二十七篇，《本味篇》即是采自《伊尹说》的，所有伊尹所说调味技艺反映了战国时代的情况。伊尹说："夫三群之虫，水居者腥，肉玃者臊，草食者膻。臭恶犹美，皆有所以。"认为所吃的肉类有三种，水居动物的肉有腥味，食肉的动物肉有臊味，吃草的动物的肉有膻味，他们虽然都有恶劣的气味，却能烹饪出美味来。伊尹解释调味技术说："凡味之本，水最为始。五味三材，九沸九变，火为之纪，时疾时徐。灭腥去臊除膻，必以其胜，无失其理。调和之事，必以甘酸苦辛咸。先后多少，其齐甚微，皆有自起。鼎中之变，精妙微纤，口弗能言，志弗能喻。若射御之微，阴阳之化，四时之数。故久而不弊，熟而不烂，甘而不哝，酸而不酷，咸而不减，辛而不烈，淡而不薄，肥而不腻。"伊尹还特别提到了七种著名调味品："和之美者，阳朴之薑（姜），招摇之桂（桂花），越骆之菌（伞菌一类植物如蘑菇、香菇），鳣鲔之醢（鳣、鲔制成的肉酱），大夏之盐，宰揭之露，其色如玉，长泽之卵。""卵"可能是鱼卵制成的调味品。"其色如玉"的露也是一种调味品。《本味篇》还列举许多美味的鱼、肉、蔬菜和水果。也有当时著名的土产，如洞庭之鲋、云梦之芹、具区（今太湖）之菁（芜菁）、江浦之橘、云梦之柚等。根据四时变迁，调味也须因时而变。春多酸，夏多苦，秋多辛，冬多咸，调以滑甘，调味九沸九变，火为之纪（关键）。时疾时徐，灭腥去骚，除膻，必以基（火）胜（承担），天失其理（规律）火。诸此种种，足见当时烹饪技术已经非常高明。

结合倭人不知调味之术，从侧面也可佐证姬氏一族是在战国之前离开吴越

图 3-7　给桑台

之地。

　　另外一个令人惊讶的就是种蚕养桑。说起养蚕，据中国现存最早一部传统农事历书的《夏小正》记载，早在殷周时期中国民间蚕桑生产就已经有了很大发展。但是直至唐宋时期，为了垄断丝绸业，蚕种和蚕的养殖方法一直属于尖端技术，禁止外传。其他国家为了获得珍贵的蚕种，使尽手段。从新疆的丹丹乌里克遗址出土的《蚕种东传》木版画上就描绘一位"传丝公主"将蚕种藏到头发中带到西域的故事。

　　根据《大唐西域记》记载，汉代于阗国没有蚕桑，为得蚕桑之利，于阗国王派遣使节到汉朝请求赐给蚕种和桑种。汉王朝不仅不给，还下令严禁蚕桑出关。其他国家为了获得珍贵的蚕种，使尽手段。

　　根据《汉书·地理志》记载："殷道衰，箕子去之朝鲜，教其民以礼义，田蚕织作。"早在殷商时期，中国的蚕桑可能已经传播到朝鲜半岛。官方记载，蚕桑东渡传播至日本应该是公元 195 年左右。仲哀天皇四年（公元 195 年），据日本平安时代编纂的历史古书《日本三代实录》记载，秦始皇第 11 代传人"功满王"（亦称功德王），作为小国"弓月国"的国王访问日本下关，在"丰浦宫"向天皇献上了珍贵礼物——蚕种，以换取自己的民众可以移居日本。这是史料记载的蚕种第一次进入

图 3-8　纺丝车

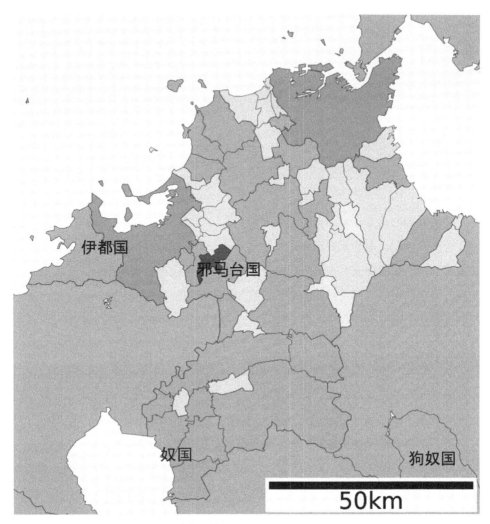

伊都国

邪马台国

奴国

狗奴国

50km

图3-9　伊都国、邪马台国、奴国、狗奴国地图

日本。由此，"丰浦宫"便成为日本蚕种传入之地，而下关也成为日本养蚕发源地。

　　吴越之地是古代蚕桑技术发达之地，在蚕桑正式传入日本之前，姬氏一族或其他渡来人已经将蚕种带到北部九州，并在北部九州普遍传播开来。

　　综合上述考察，姬氏一族极有可能将当时大量的尖端科技，如桑蚕、冶铁等带入倭国。在建立了对倭国联合城邦的绝对控制权之后卑弥呼作为姬氏之后，传承周朝礼制，效法"三监"，使用龟占和筮卜，树立绝对的威严，自然是一种对周朝传统的一种无形继承。

第三节　对外扩张

在倭人的心目中，从公元 1 世纪到 3 世纪，朝鲜半岛本来是中国的势力范围。到了公元 4 世纪，随着乐浪郡和带方郡的陷落，中国在朝鲜半岛的势力丧失。因此以中国藩臣自居的倭王有充分的理由可以与新罗、百济乃至高句丽争夺半岛上的统治权。倭王们相信，向朝鲜半岛出兵，是无损于中国的利益的。这一点，在给宋顺帝的上表文中说得不仅有理有据，而且急迫之情跃然纸上。

> 臣虽下愚，忝胤先绪，驱率所统，归崇天极，道径百济，装治船舫，而句丽无道，欲图见吞，掠抄边隶，虔刘不已，每致稽滞，以失良风。虽曰进路，或通或不。臣亡考济实忿寇雠，壅塞天路，控弦百万，义声感激，方欲大举，奄丧父兄，使垂成之功，不获一篑。

在中国的吉林省集安县的洞沟，竖立着一块巨大的石碑，称为《好太王碑》。这是公元 414 年高句丽的长寿王为了表彰先王好太王的功绩而建立于他的陵墓之前的。好太王名谈德，碑文中称"国冈上广开土境平安好太王"，因其年号为"永乐"，又称"永乐太王"。碑文述及倭、百济、新罗之处颇多。其中，"百济新罗旧是属民，由来朝贡。而倭以辛卯年来渡海，破百济和新罗，以为臣民"的记载至关重要。

公元 391 年正是辛卯年，结合碑文内容来看，倭国于公元 391 年渡过对马海峡，入侵百济和新罗，似乎言之凿凿。

1963 年秋天，中国科学院考古研究所赴吉林集安县洞沟考察和调查《好太王碑》，考察和调查的结论是，此碑历年既久，石质风化严重导致碑文有损蚀，但是未有篡改的迹象。多年以来经过反复推敲和论证，《好太王碑》的碑文确是记述着

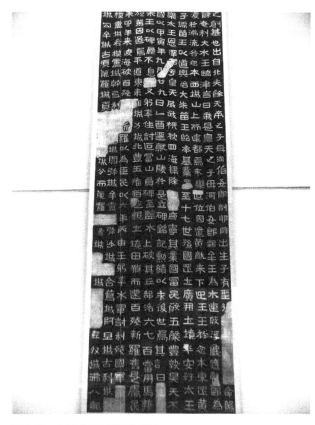

图 3-10　永乐《好太王碑》拓片

公元 4 世纪末倭国军队渡海侵入朝鲜半岛的南部。将《好太王碑》和中国史书《宋书·倭国传》以及《晋书·安帝纪》做对比研究，基本也认定公元 4 世纪末至 5 世纪初，倭国入侵朝鲜半岛南部的史实是无法否认的。

　　《日本书纪》在雄略天皇的年代第一次提到了"任那日本府"这个名字，根据上下文，日本府应该是当时倭国在朝鲜半岛南部设立的政府派出机构。日本学者和韩国学者在任那问题上曾经出现过极大的分歧，其中日本学者曾经认为任那和伽罗是两个不同的地区，任那是由当时的日本人统治，而韩国学者则认为任那根本不存在，完全是日本史书的杜撰。

　　近年的考古发现却证明古代日本人确实有在朝鲜半岛南部活跃的痕迹，实际上任那和伽罗很可能指的是同一个地方，其中倭国直接控制或者臣服于倭国的区域就是任那，而伽罗既是朝鲜半岛南部不属于百济和新罗的一带的统称，也是其中一些小政权的名称。

《日本书纪》记载雄略天皇时派遣纪小弓宿祢、苏我韩子宿祢、大伴谈连、小鹿火宿祢攻打新罗。但是大伴谈连战死，纪小弓也病死了，纪小弓的儿子大磐宿祢抢夺了小鹿火的兵权，后者挑拨纪大磐与苏我韩子的关系，苏我韩子要用弓箭射死纪大磐，不料反而被对方射死。于是这次军事行动以失败告终。

这次失败的军事行动按照《日本书纪》的纪年记载应该发生在公元465年，而《三国史记》中记载了公元462年倭人攻陷新罗的活开城，次年被慈悲麻立干击溃，两者之间有2~3年的误差。在这次出师失利以后，雄略天皇就没有再往朝鲜半岛派兵了。

公元475年，高句丽长寿王攻陷百济都城汉城，近盖卤王被杀。当时近盖卤王之子文周王被派往新罗请求援兵，回来的时候已经太晚了，只得迁都南方的熊津，按照《日本书纪》的记载，熊津正是雄略天皇赐了文周王的，以此来保证濒临亡国的百济得以延续。熊津用万叶假名标注为"久麻那利"，而百济语则称"固麻那罗"，且不论雄略天皇赐地一事是否属实，至少从地名看来似乎确实跟倭人文化存在某种关系。

如前面所说，在自晋安帝义熙九年（公元413年）至宋顺帝昇明二年（公元478年）的60余年时间里，倭武王先后向东晋和南朝的宋遣使达10次之多。由于公元4世纪以来的中国北方长期处于动乱状态，公元5世纪的倭国只向江南的建康进贡，而不向北魏遣使，从而使倭国与中原的交往断绝。

孝文帝太和十九年（公元495年），北魏从平城南迁洛阳，在东汉、魏晋洛阳的旧址上重新建都。自此年至孝武帝永熙三年（公元534年），北魏以洛阳为都城凡40年。在这40年间，以黄河流域为主体的广大北方出现了相当安定的局面，却始终没有招致倭国的遣使入贡。

公元6世纪前期，倭国与高句丽为敌，还与渐趋强盛的新罗发生激烈的冲突，从而不得不加深与百济的友好关系。从公元5世纪后期以来，百济与高句丽的抗争愈演愈烈，与支持高句丽的北魏也曾经发生战争而处于敌对状态。这也许是倭国不和北魏建立交往的原因之一。

公元6世纪中叶以来倭国在朝鲜半岛因为新罗的崛起而丧失势力，忙碌于整理国政和改革的倭王朝无暇北上扩张，也没有精力向中国的北方朝廷朝贡。公元6世纪末至7世纪前期推古天皇在位，执政的圣德太子于隋炀帝的大业三年（公元607

年）向早已统一中国的隋王朝遣使，使者小野妹子所呈国书称"日出处天子致书日没处天子无恙"云云，决意实行不执臣礼的所谓"对等外交"。隋炀帝读了国书后大为不悦，斥责其"无礼"。

公元 6 世纪后期，以朝鲜半岛北部为根本的高句丽领有辽河以东的广大地域，国力强大。高句丽与中国的隋王朝境界接壤，争端不断。开皇十八年（公元 598 年）隋文帝征讨高句丽，战况不利，无功而返。大业七年至十年（公元 611~614 年），隋炀帝集全国之力，再一次发动对高句丽的战争，按照"远交近攻"的策略，联络百济和新罗，对于无礼的倭国亦采取姑息宽容以求其好。在隋军和高句丽冲突之时，百济按兵不动，结果隋炀帝的远征大败而归，隋王朝不久亦覆灭。

贞观二十年（公元 646 年），唐太宗亲自率领大军征伐高句丽，因高句丽防守严密，抵抗有力，唐朝大军无法取胜。在此期间，百济义慈王加强与高句丽合作，趁机夺取东邻新罗的许多地方，一反常态，与中国唐朝为敌，不留任何余地。于是，唐朝方面决定先灭百济孤立高句丽再全歼高句丽的战略方针。考虑到倭国和百济的友好关系，唐朝于高宗显庆四年（公元 659 年）十二月暂时扣押正在东都洛阳访问的倭国使者津守吉祥等一行。此事在《日本书纪》齐明天皇五年己未条有详细记载。

显庆五年（公元 660 年）三月，苏定方受朝廷派遣，率大军进入百济熊津江地区，新罗武烈王也统军前来配合作战。同年 8 月，百济都城泗沘陷落，义慈王被俘虏。龙朔三年（公元 663 年）八月，倭国为了支持义慈王之子丰璋的复国之战，特派海军舰队支援，却在白村江口受到唐朝海军的猛烈袭击，大败而退。乾封元年（公元 666 年）九月，唐高宗趁着高句丽内乱，发大军征讨，新罗文武王也出兵和唐军组成联合战线，乾封三年（公元 668 年）攻陷高句丽首都平壤，宝藏王遭到拘捕。继百济之后，高句丽终告灭亡。

此后不久，高句丽遗民奋起抗战，新罗也由于本国利益和唐军发生冲突。新罗对唐朝的战争一直持续到文武王十六年（公元 676 年），最终，唐朝的军队从朝鲜半岛撤出。被称为"统一新罗"的强大王朝以全新的姿态登上东亚的历史舞台，势力范围覆盖今天的朝鲜半岛全境。

白村江口会战，日本大败。此后日本数百年间一直不断派遣使臣向唐朝学习，逐渐形成其一整套政治、经济、文化制度。直至 1592 年，丰臣秀吉侵略朝鲜，近1000 年间，日本未敢对中国开战。

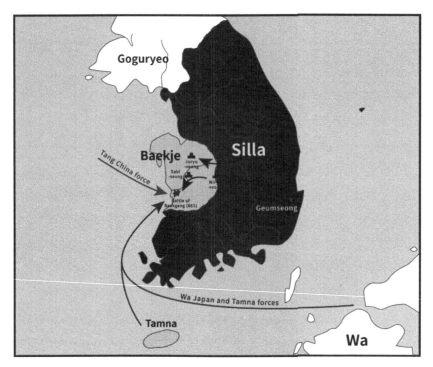

图 3-11　白村江口会战示意图

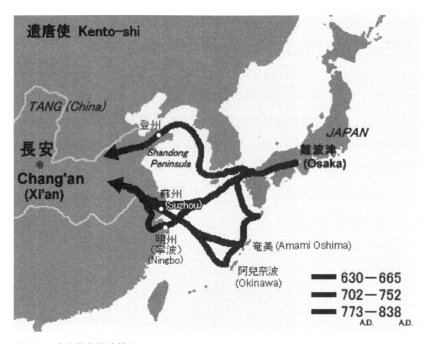

图 3-12　遣唐使航海路线图

白村江口会战之后，姬氏一族由中央贵胄向簪缨门第转变，虽然后来的大和朝廷颁布"好字令"，姬（纪）氏一族坚辞不受，延用单字之纪姓，宗脉传承，生生不息，成为影响日本历史深远的煌煌巨族。

第四章
春射秋飨　无思不服

第一节　明堂辟雍

　　吉野里遗址是日本弥生时代最大规模环壕聚落的遗迹，位于佐贺县神埼郡吉野里町和神埼市的吉野里丘陵上，面积约 50 公顷。遗址在 1986 年被发现。根据 20 世纪由陶器纹路推定出来的弥生时代年表显示，吉野里的历史最早可追溯至公元前 4 世纪，那时吉野里附近形成小规模的村落，从此以后一直高度发展，至公元 3 世纪达到鼎盛，前后持续时间约 700 多年。在这 700 多年的时间里正是公子忌东渡日本后筚路蓝缕艰苦开拓，经历开枝散叶，历经无数的苦难建立起伟大的"九州王朝"之历史时期。我们认为吉野里遗址为研究姬氏东渡之后的历史研究提供了绝佳的标本。

　　吉野里遗址最大的特点就是为了聚落的军事防护而精心设计的各种设施。弥生时代后期已经开始形成由内壕沟和外壕沟组成的双重环壕，外壕沟被挖掘成深邃的

图 4-1　吉野里遗址

"V"字形，总长超过2.5km的外壕沟围住的面积超过40公顷。壕沟内外有木栅栏、土垒、鹿砦等防御性围挡设施，另外瞭望塔和高台林立，戒备极其森严。外壕沟之中有两道内壕沟，内壕沟中建筑物错落有致，北部为北内郭，南部称南内郭。内郭的内外根据已经发掘遗址和整理的结果显示，竖穴式和干栏式建筑设施是从事祭祀相关人员以及王族亲信们的居所。主祭殿、东祭殿、斋堂等举行祭祀的设施已经非常齐备。另外保存粮食的干栏式仓库、储藏洞穴、土坑以及青铜器冶炼设施也有发现。

在遗址的北部和南部分别发现了埋葬一般士兵和居民的公共土圹墓地，墓地中出土了数量惊人的瓮棺、石棺。另外在北部和南部还发现了2处坟丘墓，一般认为坟丘墓是部落首长（统治阶级）的墓室。从瓮棺中出土的人骨研究表明，当时的战争频繁而且残酷，很多瓮棺中发现的尸体没有首级，人骨可见明显的刺伤以及兵器所致的物理伤痕。另外玻璃材质的管玉等装饰品、土器、石器、青铜器、铁器、木器大量出土。勾玉、管玉、铜剑、铜镜、丝织品、布类等装饰物以及祭祀用品也大规模出土。1998年还在遗址周边发掘了被认为是在北部九州生产制作的铜铎。

学术研究上一般把吉野里的历史发展轨迹分为三个阶段，即前期的萌芽、中期

图 4-2　吉野里环壕沟以及鹿砦

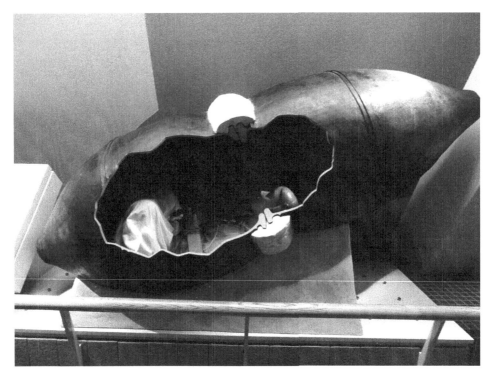

图 4-3　吉野里瓮棺葬复制品

发展的成熟、后期的鼎盛。

公元前 4 世纪，一般认为是吉野里发展的前期。吉野里丘陵中开始形成聚落，由此开始向大规模的聚落发展。在这个时期，吉野里丘陵中分散的"村落"组织出现，在南部的聚落中最先出现了环壕。南部的环壕是从中国江南地区东渡移民到此的所谓"渡来人"集团所建立，最初这些"渡来人"凭借在冷兵器制作技术上以及战斗组织技术上的绝对优势，和当地的既得利益阶层原住民之间展开了残酷而又激烈的土地争夺战争。

中期，环绕吉野里丘陵地带出现环壕。随着聚落的扩大，防卫变得棘手而迫切，在这种情况下，防备的等级和层次越来越高。同时巨大坟丘墓和瓮棺开始大量出现。这种巨大坟丘墓南北约 46 米，东西 27 米，呈长方形坟丘，坟丘高 4.5 米以上。个别坟丘顶到墓圹有出土过 14 尊以上的瓮棺，这种墓制目前只有在北部九州才有发现。

到了后期，环壕规模急剧扩大，不仅出现了双重环壕，环壕内的建筑物规模宏大，结构也更加复杂。公元3世纪时，聚落迎来繁盛期。北内郭和南内郭出现，人们活动的公共区域扩大，干栏式仓库密集出现，手工业的高度发展带来了市场贸易的繁荣，国家已经开始征收税赋，对市场加以监管。这个时候的国家体制严密，对外交往频繁，出现了《魏志·倭人传》所描述的壮丽画面。

通读佐贺县教育委员会编纂的《吉野里遗迹整备报告》，我们发现了有巨大历史价值的惊人信息。《吉野里遗迹整备报告》明确表述，北部统治阶级的坟丘墓和祭祀祖先的主祭坛之间相距800多米，主祭坛和祭堂准确位于南北中轴线和夏季日出冬季日落的交点上。后世研究者沿着主祭坛南北中轴线延长70km的位置，正好是长崎县的云仙普贤岳。

从目前研究结果来看，约公元前2世纪后半叶，国家基本形态已经建立，统治阶级已经拥有巨大的空间概念，并将自己所掌握的天文历法和宗庙礼制完美应用于国家的治理之中。从图4-5的吉野里遗址复原图我们可以清晰地看到，遗址的北

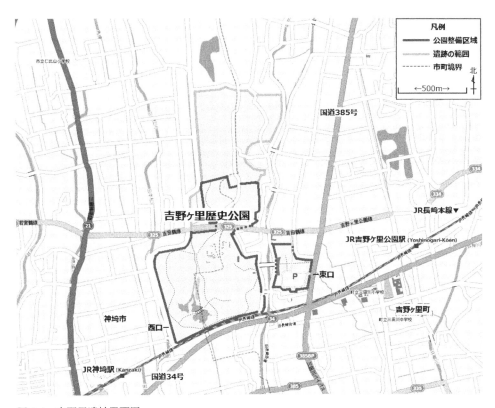

图4-4 吉野里遗址平面图

图 4-5　吉野里遗址复原图

面是八方形（当时新闻报道为八方形，后世的风化以及地貌变迁导致原来形状已不可考，圆形可能性比较大）坟丘墓，中轴线的正南方位上的主祭坛呈方形。根据佐贺县教育委员会负责发掘的官员介绍，祭祀祖先的坟丘墓为圆形，复原时由于当时的认知和整体研究不到位导致现在大家看到图 4-5 复原的形状。日本学术界一致认为，主祭坛就是当时吉野里的"明堂"或"辟雍"。

为什么弥生时代文明如此高度发达，是谁将当时世界上尖端的天文历法和建筑礼制传授至此？在探寻这个问题之前，首先我们了解一下中国古代的明堂、辟雍。

说到辟雍、明堂，我们不得不从中国最早的小学和大学说起。

商代时候，贵族已经有学校教育。《龟甲兽骨文字》卷二第二十五页九片：

丙子卜，贞，多子其徙学，版不篝大雨？

《甲骨续存》下篇四五九片：

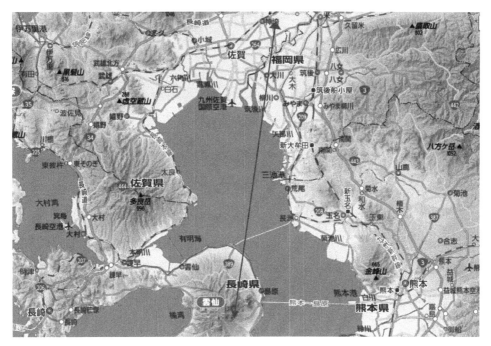

图 4-6　吉野里遗址中轴线延长 70km 至云仙岳示意图

　　□亥卜，□，多子□学□，版□篝□。

　　陈怀邦认为："徙学"就是"往学"，"版"借为"反"，与"返"相通，这是贞在问："多子其往学乎？返时不遘大雨乎？"这种说法如果正确，那么表明商代已经有学校教育。

　　西周的贵族教育子弟的学校，已经完备，有所谓小学和大学，这在许多讲"周礼"的书上时常谈到。如《大戴礼记·保傅》说："及太子少长，知妃色，则入于小学。小者，所学之宫也。"《公羊传·僖公十年》何林注说"诸侯之子，八岁受之少傅，教之以小学"；"十五受之太傅，教之以大学"。《白虎通·辟雍》也说："八岁入学，学书记，十五成童志明，入大学，学经籍。"《礼记·王制》说：

　　天子命之教，然后为学。小学在公宫南之左，大学在郊，天子曰辟雍，诸侯曰泮宫。

西周的大学叫辟雍，或称学宫。辟雍有何特点呢？根据可靠的史料，结合礼书的记述，很清楚有下列三个特点。

第一，建设在郊区，四周有水池环绕，中间高地建有厅堂式的草屋，附近有广大的园林。园林中有鸟兽居住，水池中有鱼鸟聚居。《大雅·灵台》毛传说："水旋丘如璧曰辟雍。"辟和"璧"本是一字，表明其形状如圆璧。雍和"邕"音同通用，《说文》说"邕，邑四方有水，自邕成池者"，就是指环于水中的高地及其建筑。辟雍中高地上的建筑，也叫明堂。《大戴礼记·盛德》说："明堂者……以茅盖屋，上圆下方……外水曰辟雍。"《吕氏春秋·慎大》说："周明堂，外户不闭。"辟雍四周环绕以水，它是开凿出来的，也叫作"池"。"池"本来只逶迤曲折的小河，也有"穿地通水"的意思，所以环城的河也叫"池"，也或称"辟池"。

第二，西周大学不仅是贵族子弟学习之处，同时又是贵族成员集体行礼、集会、聚餐、练舞、奏乐之处，兼有礼堂、会议室、俱乐部、运动场和学校的性质，实际上是当时贵族活动的公共场所。东汉末年的学者卢植、蔡邕、贾逵、颖容、服虔等都认为太庙、大学、辟雍、明堂、灵台是"异名而同事"。《韩诗说》说："辟雍者，天子之学……所以教天下春射秋飨，事同三老五更。"《白虎通·辟雍》说："大学者，辟雍，乡射之宫。"所谓"乡"或"飨"便是指乡饮酒礼。

第三，西周大学的教学内容以礼乐和射为主。贵族子弟要学习成人的社会生活方式和必要的知识技能，作为贵族公共活动的主要场所，辟雍无疑是绝佳的选择。"国之大事，惟祀与戎"，他们的学习内容主要便是礼乐和射御。礼乐和射御的技术性很强必须多加练习。

贵族要把子弟培养成统治者，礼和乐是当时贵族巩固内部组织和统治人民的重要手段；同时贵族要把子弟培养成为军队的骨干，用来保护既得的特权，而射猎正是军事训练，所以到了春秋时代，"敬教劝学"作为"富国强兵"的重要政策。

西周的这种贵族学校教育制度是由原始教育制度发展而来，西周大学建筑的规模和式样，也是沿袭原始的学校而来。那么西周的大学为什么要建造厅堂而且环绕有水呢？阮元解释说：

> 上古未有衣冠，惟用物遮膝前后，有衣冠之制，不肯废古制。任留此
> 以为韨，与冕并重，此即明堂辟雍之例也。上古未有宫室，圣人制为栋宇

以蔽风雨……其制如今之蒙古包箂房，而又周以外水，如今村居必有沟绕水也。古人无多宫室，故祭天、祭祖、军礼、学礼、布月令、行政、朝诸侯、望星象、皆在乎是。故明堂、太庙、大学、灵台、灵沼皆同一地。就事殊名。三代后制度大备，王居在城内……而建明堂于郊外，以存古制，如衣冠之有韨也。（见《问字堂集·赠言》）

阮氏认为辟雍起源于上古刚有宫室之时，其制如今之蒙古包，四周有沟绕水，后来制度大备，还沿袭古风，在郊外建有这种式样的明堂和辟雍。犹如在野蛮时代还没有衣服之时，人们用一块皮束在下身遮盖，后来衣冠大备，也还沿袭古风，在衣裳之外束有这一块皮叫作韨。这个说法，能够用发展的观点来分析，是对的，皮锡瑞曾大加称赞，认为这是"古礼有聚讼千年，至今日而始明者"（《经学通论》卷三《论明堂、辟雍、封禅当从阮元之言为定论》）。

从陕西西安东郊的半坡村文化遗址来看，我国氏族制末期，当时氏族聚落的周围确是掘有一道大的水沟，以防止外来的侵袭。西周贵族学校制度既然是由氏族制末期的原始教育制度发展而来，其建筑很自然的保存有原始的规模和式样。

最初的学校和氏族制末期的居住遗址差不多，四周掘有水沟，所谓"水旋丘如璧"，仅有一面有桥可与外界相通。后来防御外来侵袭作用消失，只是保存其古老的形式，就筑成三面环水，一面无水而与外界相通。再后来，水沟开得更加形式化，只在一面掘有弧形的水沟，象征三面环水，此后历代的封建王朝建立的学校和孔庙，就是沿袭这种形式。辟雍的建筑，"以茅盖屋""上圆下方""士阶三等""外户不闭"等很明显都是沿袭原始的建筑样式。

基于以上种种分析，我们认为吉野里遗址的主祭坛符合辟雍的形制，可以认为主祭坛是当时吉野里聚落统治阶级最大的公共活动场所。

那么，中国古代春秋时候是如何测定夏至和冬至的呢？

《周礼》中有"日至之景，尺有五寸，谓之地中"的记载。孟子曾说："天之高也，星辰之远也，苟求其故，千岁之日至，可坐而致也。"在春秋中期，由于采用立圭表测日影的方法，能够精确测定夏至和冬至，历法开始精确，以含有冬至之月为正月，以三百六十五又四分之一日为一年，并开始采用十九年插入七个闰月的办法。春秋战国之际，各个国家用三种不同的历法，有以含冬至之月为正月的，叫"周正"；有以冬至以后一月为正月的，叫作"殷正"；也有以冬至后两月为正月的，叫作"夏正"。春秋时，除了晋国，其他所有的国家都用周历。

测量日影的圭表是中国古代重要的天文仪器，主要用于测量正午日影长度，确定冬至和夏至，进而确定回归年长度和历法的起算点。圭表是由圭和表两部分构成。表是一根垂直竖立在地上的杆子，圭是平放在地上的起标尺作用的部件，放在表的正北方，从圭上的刻度读出表影的长度。表也可不与圭结合而单独使用测量方位，而与圭组合起来的圭表则用来测量正午日影。由于不同季节太阳在正午时分的高度角不同，表投在圭上的影长也随之不同。在北回归线以北到北极圈以南的地区，正午时分太阳永远在正南方向，冬至日太阳高度角最低，表影最长，夏至日相反。

图 4-7　司南

春秋战国期间，已经发现磁石，《吕氏春秋·季秋纪·精通》就曾说："慈石召铁，或引之也。"《论衡》中有"司南之杓，投之于地，其柢指南"。杓可通勺，故王振铎先生认为司南是磁勺子，这是司南磁勺子的最重要证据。但杓有第二读音，念 biao（同标），指北斗柄三星，又称为玉衡。《甘石星经》有"杓三星为玉衡"。柢通底，指北斗底的璇玑二星，所以刘秉正先生认为《论衡》中的司南应解释为北斗，当北天的北斗的勺柄指向地面（北方）时，勺底的二星指向南方。

综上所述，姬氏卑弥呼一族作为继承周室血脉的王族，自然受过系统的贵族教育，上过大学，知道如何测量日出和日落，掌握一定的天文历法知识，再将这些系统的学习所得运用于国家治理之中，并非难事。

第二节 东亚瓮葬

在日本全境，目前瓮棺只在九州被发现，特别是北部九州的福冈和佐贺县，集中程度之高，发掘数量之多，令人称奇。

表 4-1　日本九州地区的瓮棺出土分布（截止到 1988 年 11 月的统计）

出土地	出土瓮棺数量
西北九州	158
唐津	331
糸岛	215
早良	1586
福冈·春日	1769
粕屋	77
嘉穗	293
二日市	241
朝仓	900
小郡·鸟栖	2522
神埼	2951
佐贺	454
小城	464
多久	233
武雄	15
大村	30
岛原	65
熊本	175

出土地	出土瓮棺数量
筑后南部	297
久留米	157
日田	19
鹿儿岛	3
合计	12955

出处：藤尾慎一郎1988年调查报告《九州的瓮棺》

　　弥生时代北部九州出现的大规模的瓮棺葬，很多日本学者认为这种墓葬形制应该是从中国传到九州的。那么中国的瓮棺葬历史又是怎样的呢？

　　瓮棺葬，是指用陶容器作为葬具、埋葬在地下的一种埋葬形式。瓮棺葬的起源甚早，在世界各地有着广泛的分布和流行。在我国，瓮棺葬早在七八千年前的新石器时代前期就已出现，广泛发现于黄河中下游和长江中下游地区，并且一直延续到汉代，汉代以后，某些少数民族居住的地方还延续这种墓制。

图 4-8　吉野里出土的瓮棺　瓮棺葬，是古代以瓮或罐等陶器为葬具

图 4-9　吉野里遗址出土的瓮棺

　　瓮棺为史前时代最早采用的葬具形式，我国古代称瓮棺为"瓦棺"。《礼记·檀弓》就有"周人……以有虞氏之瓦棺葬无服之殇"的记载。其他如《盐铁论》《古史考》《后汉书》《太平广记》等文献中也有记述。目前，有关史前瓮棺葬的考古发现已经涉及我国十九个省区，且以黄河中游和长江中游地区较为常见。

　　瓮棺葬大体有四类不同的埋葬方式，其葬具的组合是：陶罐与陶缸、大陶盆与大陶瓮、两个陶瓮、单陶瓮棺。在中原新石器时代文化中，仰韶文化半坡类型葬具多用瓮钵相扣，庙底沟文化多用尖底瓶作葬具。根据实物观察，用作"瓮棺"的葬具，其绝大多数是人们日常生活中使用的陶器，有的器物在出土时，其表面还留有一层黑灰或草泥土痕迹。

　　瓮棺的放置大致可分为竖立、斜置和横放三种情况，一个遗址中多兼有两种以上放置法。一般来说，合口式或多器相扣者多平放，合盖式多竖立。西安半坡遗址所出瓮棺葬多向西倾，与该遗址成人土坑葬头多向西的埋葬习俗相吻合。瓮棺葬的墓圹可分为长方形、椭圆形、圆形三种。其底部和周壁多不甚整齐，形制也不很规则，有的范围不甚清楚，甚至没有明显的墓圹；长一般不超过1米，宽0.5米左右，深度亦多不大，大部分为挖一与瓮棺器形相仿而略大的穴，置棺埋葬了事。瓮棺葬只有少数墓有随葬品，约占统计总数的 9%。就单位瓮棺葬的随葬品数量来看，大多比较贫乏，只有一件至数件陶器或装饰品等，多置于瓮棺内，少数放在棺旁的填土中。

依尸骨相对于瓮棺的放置方法不同，瓮棺葬可分为两种：一是将尸骨全部装进瓮棺中，考古学界称之为"装入葬"，这种葬法占瓮棺葬的大部分；二是只用器物套头、盖头，或盖、套住上半身，而其他部分暴露在外，称"非装入葬"。这种葬法并不流行，仅有几例发现于山东曲阜西夏侯、江苏连云港市二涧村、吴县草鞋山等墓葬中。瓮棺葬绝大多数用来埋葬婴儿或儿童，只有极少数用来埋葬少年或成人。从考古资料来看，在"装入葬"中，幼儿一般全躯放入，大多仰身直肢，也有仰身屈肢者；成年人或少年一般则实行二次葬，只装殓主要骨骼。"非装入葬"，则无论幼童或成人，一律为仰身直肢或仰身下肢微屈的一次葬。

关于瓮棺的葬地，一般有三种情况。

第一种：瓮棺葬埋葬在居住地附近。有的是埋葬在住居附近，有的是埋葬在城墙内外。

第二种：瓮棺葬同其他类型的墓葬混杂在一起。只不过使用了不同的葬具，如

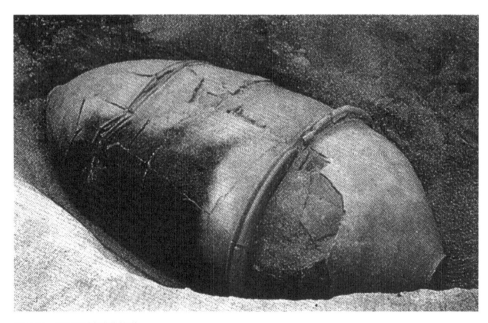

图 4-10　渭水流域的瓮棺葬

咸阳塔儿坡墓地，9座瓮棺葬与其他类型的390座墓葬交错分布，并且其墓葬的形制结构、随葬品及其放置、墓向等均基本一致。

第三种：以瓮棺葬为主的丛葬墓地。如滦县韩新庄5925平方米的范围内清理的战国和汉代瓮棺葬261座，一般由几座或十几座构成一组，为丛葬墓地。

在黄河流域的仰韶文化中，瓮棺葬是普遍流行的一种葬俗，其分布几乎遍及仰韶文化分布区，而以渭水流域的半坡类型为最盛，出土数量最多，使用广泛。在考古学文化类型上，存在过这种葬俗的共有近二十种文化类型：黄河上游地区有马家窑文化、齐家文化、卡约文化，中游地区有李家村文化、仰韶文化、河南山文化、陕西龙山文化，下游地区有北辛文化、大汶口文化；长江中游地区有大溪文化、屈家岭文化、青龙泉三期文化，长江下游地区有河姆渡文化和马家浜文化。此外，在东北松嫩平原、西南横断山区和地处东南的台湾岛也有零星发现。瓮棺葬遍及黄河和长江两大流域。北及吉林、内蒙古，南达云南、广东，西至甘肃、青海，东至山东、江浙一带乃至台湾。但大多集中于黄河中游和长江中游地区，且在时间序列上先后时期的文化类型中均有发现。仰韶文化分布区是我国史前时期瓮棺葬最盛行的地区，发现瓮棺葬遗址50多处，占全国总数的一半以上；瓮棺墓700多座，占全

图4-11 河北黄骅大型瓮棺葬墓地

国总数的三分之一。

　　中国社科院考古研究所白云翔研究员指出，随着社会历史的变化、人群的移动和文化的影响，尤其是以战国后期燕国对辽东地区的经营和扩张为契机，瓮棺葬这一葬制迅速传播到东北地区乃至东北亚地区。辽宁凌源安杖子、喀左南洞沟、锦西小荒地等战国瓮棺葬和辽东各地大量的汉代瓮棺葬，就是在燕文化东渐和秦汉王朝在辽东地区经营的历史背景下出现的。与此同时，朝鲜半岛上瓮棺葬也流行起来，如在西北部地区的黄海南道安岳郡伏狮里、平安南道西郡台城里、平壤市乐浪区贞柏洞等地发现的瓮棺葬，年代约为公元前2~公元前1世纪；在半岛南部地区的庆尚南道金海郡会岘里贝丘D区、昌原郡茶户里、东莱乐民洞、全罗南道光山郡新昌里等地发现的瓮棺葬，年代为公元前2~公元1世纪，与我国战国秦汉时期的瓮棺葬是有联系的。

　　和朝鲜半岛相比，瓮棺葬在公元前4世纪已经传入北部九州，远远早于朝鲜半岛。公元前四世纪瓮棺葬开始成为弥生时期最主要的墓葬方式。从日本本土瓮棺葬分布区域来看，北部九州的福冈和佐贺（以吉野里遗迹为主要代表）成为分布的最密集区域。另外从吉野里等遗址发掘的情况来看，弥生时代的瓮棺葬在葬地选择、瓮棺放置位置、尸骨的装入形态、瓮的形制明显受到中国瓮棺葬的巨大影响，结合传入时间以及在日本本土流行的区域来看，基本可以认为是传承周室血脉的姬氏一族带到九州可能性最大。

第三节　海东吴镜

　　《三国志·魏书·乌丸鲜卑东夷传》记载，景初二年十二月，魏帝封卑弥呼为"亲魏倭王"，并赠予许多礼物，其品类、数量都列在诏书之上，其中就包括"铜镜百枚"。我们一直很好奇，卑弥呼女王心爱之物的铜镜数量多达百枚，这些铜镜是什么形制，到底为何能够吸引卑弥呼女王呢？

　　我们首先看看日本弥生时代出土了什么样的铜镜，这些铜镜的形制如何？

　　根据日本考古协会和日本宫内厅公布的数字，从弥生时代中期的遗址一直到古坟时代的坟墓，日本出土铜镜约有 4000 多枚。其中被称为"三角缘神兽镜"的铜镜出土数量最多，截至 1999 年已经超过 540 枚。

图 4-12　三角缘神兽镜

除了三角缘神兽镜，日本本土出土的铜镜还有以下几种：

1. 方格规矩镜（图 4-13）

2. 内行花纹镜（图 4-14）

3. 兽首镜

4. 盘龙镜

5. 双头龙凤镜

6. "位至三公"镜

7. 夔凤镜

三角缘神兽镜（图 4-12），由于内区饰以龙虎等神兽，边缘断面呈三角形，故而得名。目前日本本土出土的三角缘神兽镜，大多是圆底、圆钮，内区神兽纹饰用乳钉相间。三角缘神兽镜从出土地点来看，从南部的九州到东北，日本全境都有广泛的分布。日本国内有人认为魏王赠给卑弥呼的就是这种在日本大规模出土的三角缘神兽镜，可惜目前日本本土出土的数量早已超过魏王给卑弥呼女王的所谓"铜镜百枚"。此外，中国本土虽然铜镜大量发掘，却始终不见形制和三角缘神兽镜类似或同样的铜镜。显然，三角缘神兽镜不是魏王赐给卑弥呼女王的。那么三国时期魏王赐给卑弥呼女王的究竟是什么样的铜镜呢？结合中国铜镜发展历史我们可以找到答案。

汉末大乱，北方铸镜中心洛阳的中央尚方工官和各地作坊遭到严重的破坏。曹魏政权建立并迁都洛阳后，虽然重建尚方工官，使得铸镜业务有所恢复，但是产品

图 4-13　方格规矩镜

图 4-14　内行花纹镜

延用旧制，如简化规矩镜、内行花纹镜、兽首镜、夔凤镜、独龙镜、鸟纹镜、双夔镜等，唯一全新推出的就是从双夔镜演变而来的"位至三公"镜。

长江流域在汉末的动乱之中保持了相对安定的局面，吴国的铸镜业得到空前的发展，达到鼎盛的时期，形成了会稽山阴（浙江绍兴）和武昌（湖北鄂州）两个制镜中心。然而所铸铜镜仍然以东汉以来流行的形制为主，如北方流行的简化规矩镜、夔凤镜、龙虎镜和南方流行的神兽镜以及人物画像镜，具体形式上变化不大。全新推出的只有四叶八凤系列的四叶八凤佛兽镜和辐射状画纹带佛兽镜。

结合日本本土出土的情况，卑弥呼女王获得的铜镜应该是当时北方流行的方格规矩镜、内行花纹镜、夔凤镜、兽首镜、"位至三公"镜等。

图 4-15　夔凤纹

图 4-16　兽首镜

图 4-17　"位至三公"镜

第四章
春射秋猃　无思不服

也有日本学者认为夔凤镜、方格规矩镜、内行花纹镜、兽首镜、龙凤镜、"位至三公"镜等虽然在日本有出土但是数量不多，镜面小，特别是"位至三公"镜，丝毫看不出是中原统治阶级拿得出手的礼品，进而认为赐给卑弥呼女王的应该是特别定制的魏镜。

众所周知，从东汉后期黄河流域的北方长期动乱，生产生活遭到极大的破坏。曹操当政之后，北方渐趋安定，但是局部战争并未停息。文帝曹丕之后，魏蜀吴三国之间战争持续不断。这一时期国家提倡一切从简，墓制也一改两汉以来的奢靡之风。这一点，从文帝的《终制》里可见一斑。

冬十月甲子，表首阳山东为寿陵，作终制曰："礼，国君即位为椑，存不忘亡也。昔尧葬谷林，通树之，禹葬会稽，农不易亩，故葬於山林，则合乎山林。封树之制，非上古也，吾无取焉。寿陵因山为体，无为封树，无立寝殿，造园邑，通神道。夫葬也者，藏也，欲人之不得见也。骨无痛痒之知，冢非栖神之宅，礼不墓祭，欲存亡之不黩也，为棺椁足以朽骨，衣衾足以朽肉而已。故吾营此丘墟不食之地，欲使易代之后不知其处。无施苇炭，无藏金银铜铁，一以瓦器，合古涂车、刍灵之义。棺但漆际会三过，饭含无以珠玉，无施珠襦玉匣，诸愚俗所为也。季孙以玙璠敛，孔子历级而救之，譬之暴骸中原。宋公厚葬，君子谓华元、乐莒不臣，以为弃君於恶。汉文帝之不发，霸陵无求也；光武之掘，原陵封树也。霸陵之完，功在释之；原陵之掘，罪在明帝。是释之忠以利君，明帝爱以害亲也。忠臣孝子，宜思仲尼、丘明、释之之言，鉴华元、乐莒、明帝之戒，存於所以安君定亲，使魂灵万载无危，斯则贤圣之忠孝矣。自古及今，未有不亡之国，亦无不掘之墓也。丧乱以来，汉氏诸陵无不发掘，至乃烧取玉匣金缕，骸骨并尽，是焚如之刑，岂不重痛哉！祸由乎厚葬封树。'桑、霍为我戒'，不亦明乎？其皇后及贵人以下，不随王之国者，有终没皆葬涧西，前又以表其处矣。盖舜葬苍梧，二妃不从，延陵葬子，远在嬴、博，魂而有灵，无不之也，一涧之间，不足为远。若违今诏，妄有所变改造施，吾为戮尸地下，戮而重戮，死而重死。臣子为蔑死君父，不忠不孝，使死者有知，将不福汝。其以此诏藏之宗庙，副在尚书、秘书、三府。"（文帝纪晋书礼中通典礼三十九全三国文卷八）

（晋书礼中魏武葬高陵，有司依汉立陵上祭殿。至文帝黄初三年，乃诏曰："先帝躬履节俭，遗诏省约。子以述父为孝，臣以系事为忠。古不墓祭，皆设于庙。高陵上殿皆毁坏，车马还厩，衣服藏府，以从先帝俭德之志。"文帝自作终制，又曰"寿陵无立寝殿，造园邑"，自后园邑寝殿遂绝。）（宋书礼三通典礼十一全三国文卷五）（通典作高平陵，当误）

在这种大背景下，魏不可能每一次有使节来访便遣人特别铸造铜镜。从目前中国国内考古调查发掘情况来看，以洛阳为中心的"魏镜"制作工艺确实逊色南方"吴镜"不少。魏王更不可能为了各国使节团朝贡大费周章铸造大量所谓新式铜镜。而且从《三国志》中的礼品清单来看，铜镜忝列最后，按照中国礼制，绝非极其重要之礼品。

那么，在日本发掘的大量制作精良的三角缘神兽镜又是从哪里来的呢？

既然中国本土没有出土过一枚三角缘神兽镜，那这种三角缘神兽镜和中国的铜镜有何联系呢？带着这些疑问，我们仔细研究日本出土的这些三角缘神兽镜留给我们的线索。

首先，我们从日本出土的三角缘神兽镜铭文上可以发现一些重要的线索。

铭文1："镜陈氏作甚大工，型模雕刻用青铜，君宜高官至海东"

（滋贺县大岩山古坟出土三角缘神兽镜）

铭文2："吾作明镜真大好，浮游天下放四海，用青铜至海东"

（大阪府国分茶臼山古坟出土三角缘神兽镜）

铭文1和2里都出现了"海东"，海东是哪里呢？顾名思义，海东就是中国古代所指的朝鲜半岛和日本。目前在朝鲜半岛没有出土过一枚三角缘神兽镜，显然这里的"海东"遥指日本。

根据《中国铜镜史》两汉铜镜铭文举要所列35条铭文，确有类似日本出土铜镜铭文，但不见海东只字片语。比如：

第18条：尚方作镜真大好，上有仙人不知老，渴饮玉泉饥食枣，浮游天下放四海，寿如金石为国保。

第22条：杜氏做镜四夷服，多贺国家人民息，胡虏殄灭天下复，风雨时节五谷熟，常保二亲受大福，传吉后世子孙力，官位高。

可见，日本出土铭文和中国本土铜镜铭文多有相通之处。

我们再看看日本出土的所谓含有中国纪年铭文的三角缘神兽镜。

纪年铭文1：

景初三年陳是作鏡自有経述本是京師杜□□出吏人□□□（位）□（至）三公母人？之保子宜孫寿如金石（景初三年镜，岛根县云南市神原神社古坟出土）

纪年铭文2：

□始元年陳是作鏡自有経述本自州師杜地命出寿如金石保子宜孫

（□始元年镜，群马县高崎市蟹沢古坟出土）

根据这些铭文有学者认为产在中国，出自中国镜师之手，也有认为是中国吴地的铸镜师东渡日本之后在日本制作的。因为根据纪年号和"海东"等铭文，有人主张是中国吴地的匠人东渡在日本本土所作。那么，从工艺的角度，日本三角缘神兽镜和中国神兽镜有没有相似之处呢？我们先一起来看看同一时期中国的神兽镜。

三国两晋南北朝时期的铜镜，承袭东汉晚期的形制，新出种类不多，主要有八大类。

1. 神兽镜

2. 画像镜

3. 蝙蝠形柿蒂纹镜

4. 柿蒂八凤镜

5. 四叶八凤镜

6. 龙虎镜

7. 神兽瑞兽镜

8. 简化双夔镜

其中神兽镜分类如下：

1. 环状乳神兽镜

2. 重列式神兽镜

3. 对置式神兽镜

4. 同向式神兽镜

5. 求心式神兽镜

我们通过图片可以观察到，中国的神兽镜都是平缘的。为了区别日本的三角缘我们暂且把它们称为平缘神兽镜。通过观察平缘神兽镜和三角缘神兽镜，两者在内区的神像和神兽形状和制作手法上是极为相似的，从这个角度来讲，三角缘神兽镜

图 4-18　□始元年铭文三角缘神兽镜

图 4-19　环状乳神兽镜

图 4-20　重列式神兽镜

图 4-21　对置式神兽镜

图 4-22　同向式神兽镜

图 4-23　三角缘神兽镜（日本出土）

图 4-24　三角缘神兽镜（日本出土）

应该是在平缘神兽镜的基础上加以改版的。

众所周知，平缘神兽镜为长江流域的吴镜，不是黄河流域的魏镜。根据中国科学院考古研究所调查，目前中国出土平缘神兽镜的地点如下：

1. 江苏南京
2. 江苏江都
3. 江苏丹阳
4. 江苏句容
5. 江苏镇江
6. 江苏泰州
7. 江苏无锡
8. 江苏高淳
9. 江苏丹徒
10. 浙江绍兴

11. 浙江杭州

12. 浙江余姚

13. 浙江宁波

14. 浙江奉化

15. 浙江黄岩

16. 浙江安吉

17. 浙江淳安

18. 浙江兰溪

19. 浙江浦江

20. 浙江武义

21. 浙江东阳

22. 浙江义乌

23. 浙江金华

24. 浙江永康

25. 浙江衢州

26. 浙江瑞安

27. 安徽和县

28. 安徽芜湖

29. 江西南昌

30. 湖北鄂州

31. 湖北宜昌

32. 湖南长沙

33. 湖南浏阳

34. 湖南常德

35. 湖南衡阳

36. 福建松政

37. 广东韶关

38. 广东广州

39. 广东始兴

40. 广西贵县

41. 广西梧州

42. 广西全州

上述出土地点主要集中在当时的吴国境内，完全可以证明平缘神兽镜是吴镜而非魏镜。除了三角缘神兽镜，日本也出土了一些人物画像镜，这些人物画像镜和三国时期的人物画像镜在内区形制上也有类似之处。

三国时期的人物画像镜，可以细分为三类。

第一类，圆形圆钮，主纹由四乳钉间隔的人物歌舞、宴饮的四个画面，其外为两周锯齿纹夹一周波线纹，素缘。

第二类，人物屋舍，圆形圆钮，主纹由四乳分割成四个画面，其三面为屋舍，舍下为人物活动，仅仅一面无屋舍只有人物。

第三类，吴王、伍子胥画像镜，画面以四乳钉相隔分为四区：

一区为越王、范蠡；二区为越国二女西施、郑旦；三区为坐在幔帐中的吴王夫差；四区为怒发冲冠、咬牙瞪眼欲持剑自杀进谏吴王的伍子胥。

有意思的是，中国本土发掘的人物画像镜的出土地点也全部分布在长江中下游

图 4-25　人物画像镜（日本本土出土）

的吴国境内。

1. 浙江绍兴

2. 浙江杭州

3. 浙江宁波

4. 浙江金华

5. 浙江衢州

6. 江苏南京

7. 江苏扬州

8. 湖北鄂州

9. 湖南长沙

毫无疑问人物画像镜也是吴镜，不是魏镜。考察日本出土的铜镜，无论是三角缘神兽镜还是人物画像镜在题材和表现形式以及制作工艺上和中国的吴镜都有莫大的关联。

日本三角缘神兽镜虽然不是在中国生产，但和中国的吴镜有相似之处，我们可以毫不怀疑地认为，日本本土的三角缘神兽镜应该是吴地的铸镜师东渡日本之后在日本本土制作。

《三国志·吴书·吴主传》记载，公元 3 世纪日本就和中国的吴地有大规模的交往。原文如下：

> 二年春正月，魏作合肥新城。诏立都讲祭酒，以教学诸子。遣将军卫温、诸葛直将甲士万人，浮海求夷洲及亶洲。亶洲在海中，长老传言：秦始皇帝遣方士徐福将童男童女数千人入海，求蓬莱神山及仙药，止此洲不还。世相承有数万家，其上人民。时有至会稽货布，会稽东县人海行，亦有遭风流移至亶洲者。所在绝远，卒不可得至，但得夷洲数千人还。

结合《新撰姓氏录》《日本书纪》《古事记》中从中国移民和躲避战乱逃到日本的所谓"渡来人"集团以及中国众多正史记载，我们没有理由怀疑江南地区和古代日本密切的民间互动以及贸易的频繁往来。

公元 3 世纪，孙权在江南建国，先是建都于武昌（今天的湖北鄂州），后迁都至建业（江苏南京），国号为"吴"。东晋士大夫衣冠东渡后在江南建立政权，以建康（江苏南京）为都城，公元 5 世纪时的倭王多次派遣使臣来到建康。

《古事记》（雄略）："此时吴人参渡来，其吴人安置于吴原，故号其地谓吴原也；于其处（吉野）立大御吴床，而坐其御吴床，谈御琴。"

《日本书纪》（应神天皇）："由是得通吴。武王于是与宫女兄媛、弟媛、吴织、穴织四妇女。"

在日本考古学上，三角缘神兽镜定义如下：

1. 直径超过 20cm 的大型镜；

2. 镜的外区有两周锯齿纹夹一周复线波纹带；

3. 内区外围有一周铭文带或花纹带；

4. 主纹区由四个或六个"乳"均匀地分割；

5. 图纹配置有求心和同向式；

6. 铭文带内的铭句有各种形式。

东渡的吴地铸镜师在日本制作铜镜，显然遵循吴镜的传统。但是东渡之后铸镜形制有明显的变化。在南方，吴镜里虽然区分了神兽镜和人物画像镜，但是自成体系，不相混淆。而日本的三角缘神兽镜却是将南方的神兽镜内区和南方人物画像镜的外区加以组合，形成了日本独有的三角缘神兽镜。

仔细对比南方的吴镜和三角缘神兽镜，我们发现三角缘神兽镜除了内区的主纹区有乳以外，有时在内区外围中亦配置又小又尖的小"乳"。这一点也是和南方吴镜有明显区别的一个细节。

也许有人又会提及日本出土的有中国年号的纪年铭文，认为如果是吴地的铸镜师在日本制作为什么不用日本的年号或者吴国的年号？日本目前发现有纪年铭文的三角缘神兽镜寥寥数枚，并非主流。东渡的江南铸镜师偶尔使用正统朝廷魏国的年号，不足为奇。公元 4 世纪，辽东的乐浪郡陷落之后，在朝鲜半岛的中原人依然使用东晋的年号。

第五章

吴钩八骏　煊赫三韩

第一节　三徙成国

日本九州古代史学会内仓武久等学者潜心研究纪氏多年，结合《松野家谱》，公子忌及其后裔们多次迁徙，从第一代定居菊池山门开始，前后迁居 6 次，历 600 多年，流离播迁，家族势力如日中天。从隔居熊本到势力范围遍及日本列岛，纪氏成为日本古代史上最为辉煌的家族，倭五王时代的纪氏一族权力达到鼎盛，成为当时的日本列岛统治阶级。倭五王之后，纪氏日渐式微，从中央贵胄向地方簪缨转变。

600 多年间 6 次大规模流播远迁，我们今天已经无法完整还原出这 600 多年究竟发生了何种变故，但是从考古发掘和中国古代以及朝鲜半岛的史书，我们可以大致地梳理出这 600 多年间的迁徙成因和重大历史事件。

约公元前 473 年到公元前 400 年，公子忌到达的菊池河流域属于狗奴国的势力范围，狗奴国掌控着当时九州南部的大部分区域，势力庞大。狗奴国人作战骁勇，精通驭马之术，当时九州地区狗奴国倚仗骑马作战的绝对优势，难遇敌手，长期控制南部九州。不甘居人之下的纪氏一族唯有另辟天地方能一展拳脚。狗奴国也成为刚刚踏入九州立足未稳的纪氏一族发展的巨大障碍，公子忌抱着终身的遗憾，始终没有迁离菊池。我们甚至可以推测，在菊池的纪氏和狗奴国王族之间发生了激烈的斗争，初期的纪氏一族受尽屈辱和压迫，在这种巨大的屈辱和压迫之下，或许迁徙变成了最好的选择。

约公元前 400 年到公元前 100 年，我们认为应该是纪氏一族筚路蓝缕的艰苦开拓岁月。按照现在流行的说法，纪氏一族掌握着当时九州地区其他部族无法比拟的巨大军政优势，他们懂得治国理政，懂得如何赢取战争。系统的贵族大学教育和家族传承使得一代又一代的纪氏后裔们明显地和当时列岛上一般武装势力区分开来，他们懂得如何一呼百应，如何赢取民心。在迁徙的过程中，不断地有其他部落

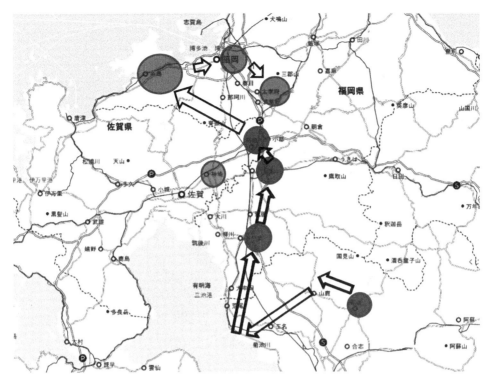

图 5-1　姬（纪）氏一族六次流播迁徙图

加入纪氏阵营，纪氏势力日隆。在和熊襲国争夺筑后川流域的控制权中，纪氏一族和强大的熊襲阵营发生了频繁而又激烈的战争，最终纪氏大败，从久留米、鸟栖迁徙至今天的北部九州的糸岛半岛。

约公元前 100 年到公元 200 年，九州北部地区的部族势力间腥风血雨、争斗不休，这一时期是九州地区最为黑暗和混乱的年代。纪氏虽然已经崭露头角，成为北部九州不可小觑的一股势力，伊都国已经建立，当时的北部九州，城邦国家林立，迫切需要一位能够整合和协调各方势力的联合城邦国王。擅长卜筮知神道，可以和神灵直接对话沟通，预测未来的女王卑弥呼时代到来了。

作为"渡来人"的外族纪氏如何在异国他乡建立自己的势力范围呢？《吕氏春秋·慎大览第三·贵因》提到了"三代所宝莫若因"，因应时势，倚仗外力无疑是最好的选择。《吕氏春秋·慎大览第三·贵因》的倡导于今日依然字字珠玑。

三代所宝莫如因，因则无敌。禹通三江五湖，决伊阙，沟回陆，注之

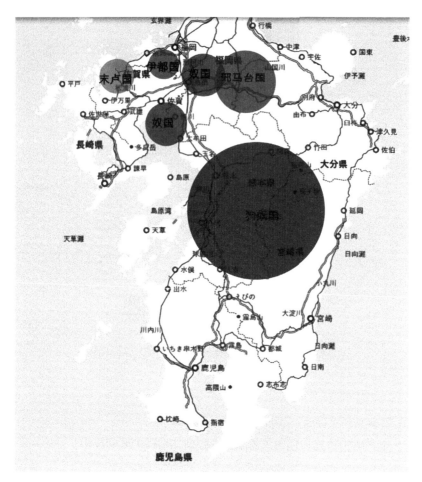

图 5-2　卑弥呼时代九州地区势力范围

东海，因水之力也。舜一徙成邑，再徙成都，三徙成国，而尧授之禅位，因人之心也。汤、武以千乘制夏、商，因民之欲也。如秦者立而至，有车也；适越者坐而至，有舟也。秦、越，远涂也，竫立安坐而至者，因其械也。武王使人候殷，反报岐周曰："殷其乱矣！"武王曰："其乱焉至？"对曰："谗慝胜良。"武王曰："尚未也。"又复往，反报曰："其乱加矣！"武王曰："焉至？"对曰："贤者出走矣。"武王曰："尚末也。"又往，反报曰："其乱甚矣！"武王曰："焉至？"对曰："百姓不敢诽怨矣。"武王曰："嘻！"遽告太公，太公对曰："谗慝胜良，命曰戮；贤者出走，命曰崩；百姓不敢诽怨，命曰刑胜。其乱至矣，不可以驾矣。"故选车三百，虎贲三千，朝要甲子之期，而纣为禽。则武王固知其无与为敌也。因其所用，何敌之有矣！武王至鲔水，殷使胶鬲候周师，武王见之。胶鬲曰："西伯将何之？无欺我也！"武王曰："不子欺，将之殷也。"胶鬲曰："曷至？"武王曰："将以甲子至殷郊，子以是报矣！"胶鬲行。天雨，日夜不休，武王疾行不辍。军师皆谏曰："卒病，请休之。"武王曰："吾已令胶鬲以甲子之期报其主矣，今甲子不至，是令胶鬲不信。胶鬲不信也，其主必杀之。吾疾行，以救胶鬲之死也。"武王果以甲子至殷郊，殷已先陈矣。至殷，因战，大克之。此武王之义也。人为人之所欲，己为人之所恶，先陈何益？适令武王不耕而获。武王入殷，闻殷有长者，武王往见之，而问殷之所以亡。殷长者对曰："王欲知之，则请以日中为期。"武王与周公旦明日早要期，则弗得也。武王怪之，周公曰："吾已知之矣。此君子也。取不能其主，有以其恶告王，不忍为也。若夫期而不当，言而不信，此殷之所以亡也，已以此告王矣。"夫审天者，察列星而知四时，因也；推历者，视月行而知晦朔，因也；禹之裸国，裸入衣出，因也；墨子见荆王，锦衣吹笙，因也；孔子道弥子瑕见厘夫人，因也；汤、武遭乱世，临苦民，扬其义，成其功，因也。故因则功，专则拙。因者无敌，国虽大，民虽众，何益？

如何倚仗外力呢？《松野连家谱》也给我们提供了一扇可以窥见端倪的窗口。卑弥呼之后，出现了厚鹿文、连鹿文兄弟以及兄弟二人的孩子取石鹿文、市乾鹿文、市鹿文。这几位都曾在《日本书纪》和《古事记》里出现过。

根据《日本书纪》记载，景行天皇亲自手刃厚鹿文以及连鹿文兄弟，以背叛父亲的罪名杀害姐姐市乾鹿文，但是对于妹妹市鹿文却赐予"火国造"的官位。这之后，倭建来到熊袭国又将取石鹿文杀害。

由此可见，卑弥呼死后，为了加强和巩固倭国的统治，姬（纪）氏一族和外姓族熊袭国的熊曾於族联姻，《松野连家谱》里开始出现熊曾於族的姓氏和名字不是偶然的。熊袭国长期盘踞南部九州，精通马术和冶铁，是南部九州的一股巨大势力。熊曾於族为主体的狗奴国虽然长期和卑弥呼政权势不两立，但是姬（纪）氏一族审时度势，卑弥呼死后，迫于联合城邦统治的需要，请求宿敌熊曾於族接受了姬（纪）氏提出的联姻请求。

关于姬（纪）氏卑弥呼一族如何成为联合城邦国家的首长，我认为这些答案可以在姬姓吴人的发展史中找到。

吴人原本是周族姬氏的一支，西周初年迁到东南沿海建立国家，定都于吴（江苏苏州）。春秋晚期吴国的冶铁技术有了较大的发展，相传武王阖闾曾用"三百人鼓橐装碳"，用于铸造"干将""莫邪"两把宝剑。1964年7月南京博物院在江苏六合程桥中学清理一号东周墓，出土文物中有铁丸，同时出土刻有"攻吴"铭文的编钟。1972年1月南京博物院又在程桥镇清理二号东周墓，出土锻制铁器，作铁条状。这些都足以佐证当时的吴国已经掌握了高度发达的冶铁技术。

在手工业发达的同时，小农经济也开始发展，公元前522年伍员从楚国出奔到吴国，曾"与太子建之子胜耕于野"。后来吴王夫差说他父亲阖闾攻破楚国，开疆辟土，"譬如农夫作耦，以刈杀四方之蓬蒿"，反映了当时农民向四方开垦荒地的情景。

公元前514年公子光乘吴伐楚失利的时机，派出勇士专诸刺杀吴王僚，夺取政权，自立为王。他就是阖闾。阖闾起用伍子胥为客卿，"立城郭，设守备，实仓廪，治兵库"；在军事上孙武为将军，整顿和改革国政。孙武列举晋国六卿进行经济改革情况，对日后的兴亡做出自己的判断。阖闾十分认同并且欣赏孙武的远见卓识，自此在吴国大兴"王者之道"。所谓"王者之道"就是"厚爱其民者也"。阖闾在位时"食不二味，居不重席。室不崇坛，器不彤镂，宫室不观，舟车不饰，衣服财用，择不取费"，遇到自然灾害或重大疾疫，访贫救困，所谓"勤恤其名，而与之劳逸"。

后来的夫差虽然亡国，取代夫差的勾践所谓兴越之策亦让夫差后裔们深受教诲。《史记·货殖列传》说："计然之策七，越用其五而得意。"又说"修之十年，国富，厚赂战士。士赴矢石，如渴得饮。遂报强吴，观兵中国，称号五霸"。可见越王用计然之策富强越国，计然五策，汇总如下：

（一）任人唯贤，"有道者进"。

（二）赏罚分明，奖励忠谏。

（三）实行"平粜法"，平衡谷物价格。

（四）流通物资，发展贸易。

（五）蓄积"食钱布帛"，防备灾荒。

透过《魏志·倭人传》的分析（本书第二章）和吉野里遗址的研究（本书第三

章），我们惊讶地发现卑弥呼时代的倭人生活已经具备严密的国家形态和社会结构，农业、手工业已经高度发达，国家管理和对外沟通在当时已经处于很高的水准。深受吴越兴亡之洗礼，出自帝王世家的姬（纪）氏自然游刃有余。

我们再将姬（纪）氏卑弥呼一族的 6 次迁徙细细分解，不难推测出每一个阶段的背景和直接动机。

第一个阶段，为了摆脱狗奴国的控制，从菊池的山门沿菊池河顺流而下然后来到 50 公里开外的福冈县濑高町的山门乡。

第二个阶段，为了寻求和建立与狗奴国对抗的强大部落，离开濑高町山门乡，暂居福冈的久留米和鸟栖。在久留米和鸟栖的纪氏和狗奴国发生了争夺筑后川流域的大规模战争，战败后，姬（纪）氏一族前往砂铁资源丰富的福冈县北部。

第三个阶段，为了控制当时先进的冶铁原料，把盛产磁铁矿（砂铁）的糸岛半岛作为纪氏扩张势力的一大据点，在此建立了伊都国。

第四个阶段，伊都国已经建立，卑弥呼作为联合王国的首长，鉴于联合王国统治的需要，将大本营从伊都国移设于今天福冈市附近（大野城市）。

第五个阶段，倭王朝已经建立，太宰府成为当时日本的首都，姬（纪）氏入主太宰府，为了缓解联合城邦"虽耕犹不足食"的紧张局面，对外扩张成为迫切需要。"北部九州隔海相望的"金铁之邑"朝鲜半岛成为首选目标。

也许有人会好奇，姬（纪）氏家族的这 6 次流播，学术界是如何研究得出的呢？

很多年前，我一直无法理解为什么日本人把"大和"读作"Yamato"，日本民族称为大和民族。根据古代日语发音也好，根据吴音也好，"大和"这两个字是没有可能也绝不会发音读成"Yamato"。日本的历史学家们固执地认为，古代以奈良为中心的关西地区被称为"和"（Wa），而关西地区是日本民族的发祥地和古代日本的中心，加上一个美化的"大"（Dai）居然生生地把"大和"（Daiwa）曲解让所有的日本人误读成"Yamato"。这种说法当然是误导日本民众的谬论。

这个"Yamato"真正的含义是什么呢？

日本的很多历史学者认为"Yamato"的真正所指应该是"山门"（山读作Yama，门读作 To），这个"山门"又是什么地方呢？持山门学说的历史学家们一致认为，九州才是古代日本文化的发祥地和日本政治的中心。古代日本的政权最早在日本九州北部建立，太宰府是日本的首都。建立九州政权的先驱们最早从九州地区的"山门"（Yamato）为起点，开天辟地，累世耕耘，历经苦难，最后在北部九州的福冈创建了日本历史上第一个政权。那么这个"山门"究竟在什么地方呢？

九州地区和纪氏有密切关联的有三个地方称为"山门"。分别位于今天的福冈市早良区、福冈市旧濑高町、熊本县菊池山门乡（Yamato）。根据《松野连家谱》，公子忌他们达到的地方就是火国山门菊池郡。这个"山门"（Yamato）又是什么地方呢？

根据《倭名类聚抄》中记载，熊本县菊池郡有9个乡，分别如下：

1. 城野（木野）

2. 水岛

3. 辛家（加惠）

4. 夜开（清水）

5. 子养（五海）

6. 山门（Yamato）

7. 上甘（蟹穴）

8. 日理

图 5-3　菊池山门的贵船神社

图 5-4　木柑子地区的前后方古坟

图 5-5　岩户山古坟石人石马

第五章

吴钩八骏　煊赫三韩

9. 柏原（河原）

菊池乡的山门位于迫间川流域（菊池河的支流），山门的中心地带屹立着一座贵船神社，据说上古时候，有一艘大船沿菊池河而来，最后在贵船神社附近停下。贵船神社曾经是当地的"圣地"。对于这个传说的真实性不做评论，根据《松野连家谱》记载，公子忌登陆的地方就是山门。

贵船神社西北方向的木柑子（きこうじ、きおうじとも読み、忌公子の発音と同様）地区发掘出土了公元 4 世纪以前的前后方古坟。古坟旁伫立的石人和八女市岩户山古坟发掘的石人形制完全相同。

岩户山古坟坟丘上设置了众多石人和石马，这些埋藏在坟丘里的石人和石马由于 1964 年的九州地区遭遇大暴雨，在雨水的巨大冲击下，才得以重见天日，后来经过清点有 120 多具之多。

福冈岩户山古坟主人被认为是纪氏磐井王，曾经暂居久留米和鸟栖的纪氏一族为了控制筑后川流域的控制权和狗奴国发生数次大规模的战争。纪氏被熊袭打败，纪氏一族后裔们迁徙至糸岛半岛（今日的福冈县前原市）。

山门（Yamato）成为纪氏一族流播迁徙的地域符号。以山门为起点，建立起统一日本的九州政权，九州地区的山门也成为纪氏一族的故乡。所以我们说关西的奈良不是所谓大和文化的策源地，真正的所谓"大和民族"发源地在九州。

结合九州地区纪氏独有的石人石马，我们不难寻觅纪氏一族在九州迁徙的轨迹。

第二节　征平海北

　　姬（纪）氏一族在日本历史上，能征善战，武功卓著，特别是远征朝鲜的功绩，无人望其项背。在了解纪氏远征之前，我们需要对于日本的史料记载有一定认识和理解。

　　关于古代日本的历史，日本第一部正史《日本书纪》由舍人亲王等编纂，于养老四年（公元720年）完成。全书采用汉文编年体的形式，时间从神代到持统天皇（公元690年），总共30卷。另外一本稍微早于《日本书纪》的所谓日本最古老的纪传体史书《古事记》据说由太安万侣编写，和铜五年（公元712年）完成，内容涵盖从开天辟地神话到推古天皇（公元592年即位）的故事、传说、歌谣等，分上、中、下三卷。

　　这两本史书对于公子忌、卑弥呼、倭五王几乎完全没有记载。为什么呢？《日本书纪》是由当时的天皇下令编纂，主要目的是将皇室和氏族大家在历史上的位置

图5-6　《日本书纪》局部

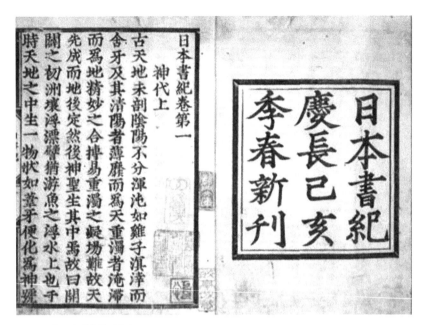

图 5-7 《日本书纪》封面

图 5-8 《古事记》

重新加以配置，树立"万世一系"的皇权，政治色彩极为浓重。编辑的方针以及原始史料都是由当时的掌权者有选择性地加工和篡改，严重缺乏客观史实。持统天皇和元正天皇时代，藤原不比等掌握朝廷的中枢核心，姬（纪）式微，作为"渡来人"的姬（纪）氏一族是绝对不可以写入史书的。

众所周知，日本采用"天皇"的称号是从7世纪初期的推古朝（公元593~628年）或后期的天武朝（公元672~686年）开始的。《日本书纪》和《古事记》所记载的很多所谓公元6世纪以前的"天皇"，包括"雄略天皇"在内，其称号是出于公元8世纪初编纂《日本书纪》和《古事记》的需要，人为附会和人为追崇，所谓公元6世纪以前的神代天皇完全是捏造和臆想出来的。

所以日本在公元6世纪之前没有所谓神代"天皇"，姬氏一族起初只是被称为"王"以后又自称"大王"。从稻荷山古坟铁剑铭文以及船山古坟铁刀铭文来看，倭王武至少在被授予"安东大将军"之前已经称王。《松野连家谱》也明确记载了这一点。

成于和铜六年（公元713年）用优美精致的汉文编写的《常陆国风土记》多次提到倭武天皇。现将部分原文摘录如下，总计20小段。

1.《常陸の国司、解（上申）して申す。古老相伝の旧聞の事》倭武天皇、東の国を巡狩し、新治縣（にいはりのあがた）に幸（いで）ます。（派）遣していた国造ヒナラスの命（みこと）に新たな井（戸）を掘らしめるに、流泉浄（きよく）澄み、いと好く愛（うま）し。時に（倭武）、乗輿（みこし）を止めて、水をめで、手を洗う・・・

2.《筑波郡》古老曰く、筑波の縣は古（いにしえ）「紀の国」と謂（い）ひき・・・

3.《筑波郡》筑波の岳は往き集い、歌舞し飲み食いすること今に至るまで絶えざるなり（歌垣）

4.《信太（しのだ）郡》大足日子（おおたらしひこ＝大帯彦＝景行）天皇、浮島の帳宮（かりみや）に幸ます。水の供御無かりき。即ち卜者（うらないのもの）を（派）遣し占を問わしめて穿（ほら）しむ・・・

5.《信太郡》古老曰く「倭武天皇、海辺を巡幸し、乗浜に行き至る。この時浜浦に多く海苔（のり）乾かせり。是により名をノリハマの村と

6.《茨城郡》昔、倭武天皇、丘の上に停留し、御膳を進め奉る時、水部に新

图 5-9　稻荷山古坟出土铁剑正面铭文　　　图 5-10　稻荷山古坟铁剑背面铭文

しい清井を掘らしむ。出泉浄（きよ）く飲喫にいと好かりき

　　7.《行方（なめかた）郡》倭武天皇、天下を巡狩し、海北を征平す・・・よろしくこの地を行細（なめかた）の国というべし、と

　　8.《行方郡》大足日子天皇（景行）、下総の国の印波の鳥見の丘に登り、留連（とどまり）遥かに望む。東を顧みて侍臣に勅し、海は青波ただよい、陸は丹霞（あかいかすみ）たなびく。国はその中にあり朕が目に見ゆ

　　9.《行方郡》斯貴瑞垣宮（しきのみずがきのみや）で大八洲所馭（おおやしましらしめし）天皇（崇神天皇）の時、東の夷（えみし）、荒ぶる賊を平らげんとして、建借間（たけかしま）の命（すなわちこれは那珂国の国造の初祖なり）を遣す・・・

　　10.《行方郡》倭武天皇、巡行してこの郷（当麻郷）を過ぎる。佐伯、名は鳥日子という者あり。その命（令）に逆（さからい）しによりて便随（ついで）に略殺しき・・・天皇の幸にあたりて（寸津比古）、命に違い化に背きていと粛敬（いや＝礼）無かりき。ここに御剣をぬきてすなわち斬滅す。

　　11.《行方郡》倭武天皇、この野（ハツムの野）に停宿して弓はずを修理す。よりて（野の名が）ある

　　12.《行方郡》倭武天皇、相鹿の丘前（おかざき）宮に坐す。この時膳（かしわで）の炊屋舎（かしきや）を浦浜に構え立て、船（おぶね）を編み、橋を作りて御在所に通う

　　13.《行方郡》倭武天皇の（皇）后、大橘比売（おおたちばなひめ）、倭より降り来てこの地で（天皇と）会う。故に安布賀邑（あふがむら）という

　　14.《香島郡》倭武天皇の世、天（香島）の大神、中臣の臣・狭山命に「今、社の御船は？」と宣（の）る・・・ここに即ちおそれかしこみて新たに舟三隻、各々長さ二丈余なるを造らしめ、初めて献じる・・・

　　15.《香島郡》倭武天皇、この浜（角折れ浜）に停宿、御膳をすすめ奉りし時、都（すべて）の水なかりき。すなわち鹿の角をとりて地を掘る。その角、折れる。故に名づくといえり

　　16.《久慈郡》古老の曰く、郡より以南、近くに小さき丘あり。體（からだ）鯨鯢（くじら）に似たり。倭武天皇、よりて久慈と名付く

　　17.《久慈郡》助川の駅家（うまや）あり。昔、遇鹿（あいか）と号す。古

老の曰く、倭武天皇、ここに到りし時、皇后参り遇（あい）たまう。よりて名づく・・・

18.《多珂郡》斯我（しが）の穴穂宮で大八洲照（おおやしましらしし）天皇（成務天皇）の世、建ミサヒの命をもって多珂の国造に任じる

19.《多珂郡》古老曰く、倭武天皇、東の垂（すい＝辺境）を巡るとしてこの野に頓宿・・・ここに天皇、野に幸し、橘皇后を遣わして海に臨みて漁せしむ。捕獲の利を相競わんと別れて山と海の物を探り賜いき。この時、野の狩りは終日駆射するも一つの宍（猪）も得ず。海の漁はしばしの間に才採（はかどり）てことごとに百の味を得る・・・

20.《多珂郡》倭武天皇、船に乗りて海に浮かび、島（藻島）の磯を御覧。種々の海藻多く生い茂れる。よりて名づく

《常陆国风土记》里总共有 14 处提到倭武天皇，当然这里的倭武天皇和《松野连家谱》里的倭王武并非同一所指。但是上述摘录第 7 段写到倭武天皇"巡狩天下，征平海北"。《宋书》中的倭王武向宋顺帝上表，这篇历史上著名的《上表文》里倭王武自诩"渡平海北九十五国"，可见多少是有一些关联。

关于这一点《日本书纪》和《古事记》居然只字不提。当然倭武天皇的国都不是在常陆，上述摘录第 13 段里记载，倭武天皇的皇后大橘比壳也来到常陆国（今日日本的茨城县）和倭王天皇见面。

关于皇后大橘比壳，《日本书纪》和《古事记》也是只字未提。根据《日本书纪》和《古事记》雄略天皇的皇后是弟橘姫，这位弟橘姫曾经因跳海救夫而闻名，由此可见《日本书纪》和《古事记》的所谓"神代记"完全是杜撰，极其缺乏客观史实。

从上述摘录记载来看，倭武天皇在常陆国待过很长一段时间，皇后也来到这里，摘录第 2 段还明确提到筑波县是"纪国"之地。

基于上述种种情由，我们无法从《日本书纪》和《古事记》里还原历史的真相。要弄清楚卑弥呼和倭五王时代的朝鲜远征，只有从中国的正史和朝鲜的史书中寻找答案。

《三国史记》是高丽十七代仁宗皇帝下令由金富轼编撰。记载从新罗、高句丽、百济的三国时代到统一新罗末期的纪传体史书，也是朝鲜半岛最古老的史书，1143 年开始编写，1145 年完成，全 50 卷。

图 5-11 《三国史记》

《三国遗事》是仅次于《三国史记》的朝鲜古代史书，13世纪末由僧人一然编纂，主要记载《三国史记》里没有收录的内容和记载遗漏的部分。

根据朝鲜的《三国史记》《三国遗事》，以及中国的《三国志》《后汉书》等，结合中国和日本以及朝鲜半岛发掘出土的文物，倭国远征朝鲜的史实整理如下：

公元121年4月，倭国进犯新罗东部边境。《三国史记》

公元158年，倭国遣使访问新罗修好。《三国史记》

公元173年，邪马台国女王卑弥呼遣使访问鸡林修好（新罗旧名）。《三国史记》

公元208年4月，倭人进犯鸡林，遭到激烈抵抗。《三国史记》

公元232年，倭国突然进犯鸡林，鸡林首都金城被围困，鸡林国王出城迎战，毙敌1000余人。《三国史记》

公元238年，卑弥呼女王遣使觐见魏王，魏王赐卑弥呼"亲魏倭王"印绶。《魏志》

公元248年，卑弥呼驾崩，虽立男王，群臣不服，国中大乱。《魏书》

公元249年4月，倭国杀害鸡林的干老。《三国史记》

公元265年，卑弥呼的宗女壹与即位，遣使访问西晋。《魏书》

公元287年4月，倭国袭击鸡林的一礼部并放火，掳走1000多人。《三国史记》

公元292年，倭国攻陷鸡林的沙道城。《三国史记》

公元 294 年夏，倭国攻陷鸡林的长岭城。《三国史记》

公元 300 年，倭国和鸡林互换礼物。《三国史记》

公元 307 年，鸡林改国号为新罗。《三国史记》

公元 312 年，倭王遣使出访新罗，倭王为王子求亲，新罗国将阿食急利的女儿嫁给倭国王子。《三国史记》

公元 313 年，高句丽攻陷乐浪和带方郡。《三国志》《晋书》

公元 345 年，倭王向新罗送递绝交国书。《三国史记》

公元 364 年，倭国大举进犯新罗，遭新罗军伏歼，全军覆没。《三国史记》

公元 366 年，百济使者首次访问倭国。《三国史记》

公元 369 年，百济王请求倭国出兵，倭国大军平定伽耶等七国。百济的近肖古王赠送倭王七支刀。《日本书纪》《七支刀铭文》

公元 391 年，倭国渡海大破百济新罗，百济和新罗成为倭国的臣民。《好太王碑》

公元 392 年，百济辰斯王对倭国天皇有无礼言行，倭国天皇派遣纪角宿祢远征朝鲜，百济辰斯王被杀，纪氏拥立阿华王登基，后回国复命。《日本书纪》

公元 393 年 5 月，倭国包围新罗的首都金城。《三国史记》

公元 396 年，高句丽广开土王攻陷百济 58 座城，百济臣服于高句丽。《好太王碑》

公元 397 年 5 月，百济王和倭国媾和，将太子腆支作为人质送到倭国。《三国史记》

公元 399 年，倭国占领新罗，将新罗国王待如贱民。《好太王碑》

公元 400 年，高句丽派遣 5 万大军解救新罗之围，占据新罗的倭国大军退却至任那加罗，安罗人协助高句丽大破倭兵。

公元 402 年 3 月，新罗和倭国通好，奈忽王王子未斯辛作为人质滞留倭国。《三国史记》

公元 404 年，倭国侵入带方界，和高句丽交战，战败。《好太王碑》

公元 407 年 3 月，倭国进犯新罗东部边境，6 月又进犯南部边境。倭国和高句丽的 5 万大兵交战，战败后损失盔甲 10000 套。《好太王碑》

公元 413 年，倭国王向东晋遣使。《晋书》

公元 415 年 8 月，倭国和新罗在风岛交战，战败。《三国史记》

公元 418 年秋，在倭国的人质未斯辛逃离倭国。《三国史记》

公元 421 年，倭王赞向宋朝遣使。赞受封"安东将军倭国王"。《宋书》

公元 431 年，倭国进犯新罗东部边境，包围明活城。《三国史记》

公元 440 年，倭国珍派兵侵入新罗南部，掳走百姓。《三国史记》

公元 444 年 4 月，倭国围困新罗金城 10 日。《三国史记》

公元 455 年，倭国进犯高句丽和百济。新罗大军支援百济。《三国史记》

公元 459 年，倭国王济派出海船百余艘进犯新罗东部袭击月城。《三国史记》

公元 462 年 5 月，倭王兴派兵袭击新罗活开城，掳走 1000 多人。《三国史记》

公元 476 年，倭国侵略新罗，杀死 200 多人。《三国史记》

公元 477 年，倭国侵入新罗的五道，倭国拥立武即位。《宋书》

公元 481 年，纪小弓、苏我韩子等四大将军远征新罗。《日本书纪》

公元 482 年，倭国进犯新罗边境。《三国史记》

公元 485 年，百济和新罗修好，共同抵抗高句丽。《三国史记》

公元 486 年 4 月，倭国入侵新罗。《三国史记》

公元 487 年，纪生磐宿祢在任那和高句丽串通，自称神圣三韩王。《日本书纪》

公元 497 年，倭国进犯新罗边境。《三国史记》

公元 500 年，倭国攻陷新罗的长岭城。《三国史记》

公元 501 年，百济拥立从倭国返回的武宁王继位。《三国史记》

公元 502 年，梁武帝封倭王武为"征东大将军"。《梁书》

公元 503 年，武宁王向倭国王"日十大王年"和"男弟王"赠送铜镜。《隅田八幡神社人物画像镜》

公元 511 年，新罗启用年号，是为延寿元年。《三国史记》

公元 512 年，倭国将伽耶四县割让给百济。《三国史记》

公元 527 年，磐井被剿灭。《日本书纪》

公元 531 年，继体天皇和皇子驾崩。《百济本纪》

公元 532 年，近江臣毛野失去权力，金官伽耶国灭国。《日本书纪》

公元 533 年，安闲天皇继位。《日本书纪》

公元 535 年，宣化天皇继位。《日本书纪》

公元 540 年，大伴金村因为任那割让问题隐退。《日本书纪》

公元 541 年，安罗日本府和新罗私通。纪奈率被派往安罗，图谋任那复兴。

《日本书纪》

根据上述史料，倭国在结束了公元 2 世纪 60~80 年代的倭国大乱之后，先后进犯朝鲜半岛超过 30 次，战争频繁，使半岛遭到激烈的蹂躏，倭国向海北扩展的决心可见一斑。

可以想象，从卑弥呼时代开始，倭国经济快速发展，国内政治稳定，卑弥呼为首的姬（纪）氏一族牢牢地控制九州北部地区的各个城邦国家。但是当时北部九州"耕田犹不足食"，而朝鲜半岛南部是"金铁之地"。隔海相望的朝鲜半岛无疑是对外扩张的最好选择。

第三节　飒沓流星

　　纪伊河流域的和歌山市大谷古坟的主人据说是远征朝鲜的纪臣氏青年将领。从出土文物来看，不仅有珍贵和完整的马胄、马甲、铁制刀剑，还发掘有宝贵的倭制素文镜、勾玉、管玉。

　　此外从出土的组合式石棺来看，属于阿苏山熔结凝灰岩材质，明显不属于纪伊河流域而是从九州长途跋涉远道运来。

　　大谷古坟的附近的楠见遗迹也大量出土了类似朝鲜风格和形制的须惠陶器。《日本书纪》记载，倭王武（雄略天皇）在位时从百济引进"陶部""鞍部""画部""锦部"等各种技术工人，这对倭国十分有益。日本考古学上说的"须惠器"就是由百济的"陶部"工人制造。

　　朝鲜三国中，百济与东晋、南朝的关系最为亲密，与倭国的关系也甚为友好。百济的军事实力虽然很弱，但手工业和文化方面却很发达。《宋书·百济国传》记元嘉二十七年，百济王余毗"上书献方物，私假台使冯野夫西河太守，表求《易林》《式占》、腰弩，太祖并与之"。可见中国方面的帮助对于百济这种手工业和文化发展影响巨大。

　　公元5~6世纪的马胄目前在日本本土出土有三处，分别是大古古坟、福冈的船原古坟，以及埼玉的将军山古坟，长度都是50cm。

　　朝鲜半岛出土的13件马胄全部位于朝鲜半岛伽耶地区的福泉洞古坟。伽耶地区历史上是倭国的控制地域。

　　日本和朝鲜半岛的历史学界对于出土文物的原产地虽然颇有争议，但是倭国远征朝鲜半岛的历史无法抹灭。考虑到九州和朝鲜半岛的地理位置，倭国需要频繁的渡海作战，登陆后为了实施迅速而有效的作战计划，战马不可或缺。由此可见，倭国已经掌握当时先进的造船技术，而养马和驯马可能已经高度发达。

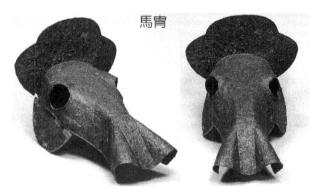

图 5-12　和歌山大谷古坟出土的马胄

图 5-13　和歌山大谷古坟出土的石棺

图 5-14　琦玉将军山古坟出土文物复原图

东海姬氏国
泰伯后裔衣冠东渡的故事

114

春秋时代各诸侯国之间的兼并战争激烈而又频繁，从田亩辽阔的中原到江河交错的江南，征战连绵。中原地域的战争多流行车战，江南的吴越则以舟船为主。不断的争霸战争也推动了南方造船业的发展，这个时期船的制造朝着专业化和多型化发展。

历史有记载的重大水战，最早见于《文献通考·兵》。公元前549年夏，楚康王十一年"楚子为舟师以伐吴，不为军政，无功而返"。公元前525年，吴和楚发生大规模水战。《史记·吴太伯世家》记载如下：

> 王僚二年，公子光伐楚，败而亡王舟。光惧，袭楚，复得王舟而还。五年，楚之亡臣伍子胥来奔，公子光客之。公子光者，王诸樊之子也。常以为吾父兄弟四人，当传至季子。季子即不受国，光父先立。即不传季子，光当立。阴纳贤士，欲以袭王僚。

吴国对外的战争，除了内河的水战，还发展到海战。根据《左传纪事本末》记载，吴王夫差十一年（公元前485年）"徐承率舟师，将自海人齐，齐人败之，吴师乃还"，这就是中国历史上第一次大规模的吴齐海战。

《吴越春秋》里记载，吴和楚之间水师的大小战例约有20余起，另外吴国和越国之间的争霸战争也很频繁，以水战居多。

吴国的战船有大翼、中翼、小翼，另外还有楼船、突冒、桥船等。春秋晚期，随着技术的进步尤其是冶铁工业的发展使用，军用船舶的质量和性能有了巨大提升，起到的作用也更大。一些沿海或濒临大水系的诸侯国开始大规模造船并组建了专门的水军，这就是中国最早的海军。当时，滨海的齐国组建了海军。长江流域的楚国、吴国和越国则组建了内河水师。水军在这些国家的战争中发挥了举足轻重的作用。当时广泛使用的战船包括大翼船、突冒船、楼船和桥船等。

其中主力大翼船长约23米，宽约3.5米。可装载士兵、船工等共约91人。船身狭长，分为两层，下层是库房和船工划桨的地方，上层是作战的士兵，可以运载相当数量的给养和武器装备，具有速度快、机动性好的优点，是当时海（水）战的主力舰只。突冒船船体坚固，船首装有坚固的金属冲角，专门用于撞击敌舰。楼船是一种具有重楼式上层建筑和攻防设施的大型战船，外观似高耸的楼宇。这种船只的缺点是体积过于庞大，速度和机动性较差。但优势是具备强大的装甲防护能

图 5-15　春秋吴国的大翼船复原图

图 5-16　春秋时代的楼船

力，而且可以运载大量士兵和武器装备以及给养物资，一般被当作水上移动要塞阻击敌军，也被作为旗舰。桥船则是一种体积小、重量轻、速度快、机动性强的小型舰船，主要用于高速冲阵以掩护大型战舰。当时的水军配备的武器大致以当时的陆军武器为主。包括弓弩、长矛、长斧和标枪等，此外还有一种专门用于水战的长钩矛，可以用来钩住敌船或击杀敌军。

由此可见，春秋时期吴国的造船工艺已经完全可以应对海上的航行和海战。

古代的华夏民族虽然是农耕民族，但是对于养马是十分重视的。《竹书纪年》说，夏朝的天子太康长大后曾任牧政一职，并说周公说服了余无的戎人，任命他们的头领为牧师。这两种职务，与甲骨文中的牧臣，都属于类似的职官。

商朝是一个大量使用马匹的王朝，马既用于驾乘（可能还有骑乘），也用于祭祀。那时的双轮马车可能还用于战争。《史书·殷本纪》说：纣王酷爱良驹，曾广泛收集良马奇物充斥于宫城。周文王西伯昌为求赦免，搜罗天下的宝马和美女献给纣王，纣王这才赦免西伯。

殷商之后的周朝也是重视养马的王朝。周朝的马政是后代马政的滥觞。

根据《周礼·夏官》的说法，当时的政府中设置的校人和太仆职官，下属的牧师、圉师、圉人等都是负责为天子和贵族养马的。周朝还制定有《司马法》，顾名思义，《司马法》就是养马的法令，教导人民养马，以充作井田的赋税。

周朝依据马的品质和毛色，将马分为六种：种马，用于繁殖后代；戎马，也就是军马；齐马，用于仪仗和祭祀，要求毛色齐整；道马，相当于驿马，这种马要求善于驰骋；田马，田猎所用的马；驽马，仅供杂役使用的马。

周穆王之八匹骏马。一说《穆天子传》："天子之骏：赤骥、盗骊、白义、逾轮、山子、渠黄、骅骝、绿耳。"皆因其毛色为名。另说《拾遗记》："（穆）王驭八龙之骏：一名绝地，足不践土；二名翻羽，行越飞禽；三名奔霄，夜行万里；四名越影，逐日而行；五名逾辉，毛色炳耀；六名超光，一行十影；七名胜雾，乘云而奔；八名挟翼，身有肉翅。"则以其行迹而名。民间传统木雕、砖刻上常见有八骏图案。"行天莫如龙，行地莫如马。马者，甲兵之本，国之大用"，汉伏波将军马援这番话道出了当时马对人的作用。

《国语·越语》上篇提到勾践委身为夫差前马，可见虽然吴越为江南水乡，马政亦丝毫未有松懈。

勾践说于国人曰："寡人不知其力之不足也，而又与大国执仇，以暴露百姓之骨于中原，此则寡人之罪也。寡人请更。"于是葬死者，问伤者，养生者；吊有忧，贺有喜；送往者，迎来者；去民之所恶，补民之不足。然后卑事夫差，宦士三百人于吴，其身亲为夫差前马。

一般认为，马是从中国传至日本，养马和驯马的技术以及马具制造明显来自于中国。结合日本的考古发掘，弥生时代九州地区已经有马的存在，骑马作战成为衡量军事实力的重要指标，九州南部的熊袭国已经开始大规模地使用军马用于战争。

综合以上史实，纪氏一族之所以能够大规模频繁用兵于朝鲜半岛，掌握冶铁、造船、养马这三大当时的尖端技术是保证倭国军事上实施对外扩张的重要支撑。

图 5-17 大阪府立飞鸟博物馆馆藏的古坟时代埋葬马

图 5-18 九州地区的在来马种

第六章

稻米流脂　衣履天下

第一节　稻作滥觞

　　姬氏一族衣冠东渡后，先定居在火国的山门，位于今天的熊本县菊池市。今日的菊池市面积276.85平方公里，总人口不到5万人，盛产被誉为"日本第一"的稻米和网纹瓜。2019年8月，我和吴立本教授有幸造访菊池，亲口品尝到了城北町产"日之光"大米制作的米饭，不愧为"日本第一"，的确唇齿留香，美味怡人。日本谷物检定协会每年组织举办"全日本美味大米"评比，从1996年开始，菊池

图6-1　菊池市温带粳稻"日之光"稻田

的"日之光"多次蝉联"特A级"桂冠，接待我们的菊池市地方志研究会的中原英先生非常自豪地向我们介绍菊池大米和网纹瓜，还热情邀请我们品尝。8月的菊池，酷暑湿热，遥想起中原英先生冒着酷暑整整一天陪同我们，感激之情，时至今日仍久久无法忘怀。

2020年春节，中国中央电视台播出了《稻米之路》的纪录片，我饶有兴趣地观看了全部的六集。观看之后，对于该片中很多说法我保留意见，结合日本国内最新的考古发现和调查，一直想将这些材料整理出来，以飨读者。《松野连家谱》里提到的火国山门无疑是一个很好的切入点，因为我们相信公子忌一行一定会将故地吴越江南的栽培稻稻种带到菊池。近年来日本的考古和科学实证也验证了这一推论。

关于日本稻作的起源，日本学术界有多位学者坚持认为日本的稻作起源应该是从中国长江流域直接传入日本本土。在弄清这些结论之前，我们需要先了解中国本土的稻作起源和传播路径。结合中国考古学的最新发现，我们将目前发现稻米遗存的遗址整理如下：

表6-1　稻米遗存遗址

遗址名称	发掘数量	发掘地点	碳14测定距今年代
稻谷颗粒化石	2粒	湖南永州道县	约12000年前
现代人类牙齿化石	2粒	湖南永州道县	约120000年前
仙人洞稻米植硅石	不详	江西万年县	约12000年前
上山遗址	2粒稻米化石 大量碳化稻壳	浙江浦江县	约10000年前
跨湖桥遗址	1000余粒稻米化石	浙江杭州	约7000~8000年前
彭头山遗址	稻壳和谷粒	湖南澧县	约8300~9000年前
城北溪文化	稻谷壳	湖北宜都	约8000年前
罗家角遗址	粳稻和	浙江桐乡县	约6905±155年前
贾湖遗址	稻米化石	河南临淇县	约7500~9000年前
河姆渡遗址	大量稻米化石	浙江余姚市	约5000~7000年前
田螺山遗址	大量稻米化石	浙江余姚市	约5500~7000年前
草鞋山遗址	古代稻田	江苏苏州市	约5300~6000年前
良渚遗址	粳稻籼稻	浙江杭州市	约4300~5300年前

遗址名称	发掘数量	发掘地点	碳 14 测定距今年代
龙虬庄遗址	4000 颗碳化稻米	江苏高邮市	约 5000~7000 年前
泉护村遗址	碳化稻米	陕西华县	约 4000~6000 年前
鱼化寨遗址	碳化稻米	陕西西安市	约 6000 年前
二里头遗址	碳化稻米	河南偃师市	约 6000 年前
吴家大坪遗址	稻草和稻米	贵州威宁县	约 3100 年前
大墩子遗址	碳化稻米	江苏邳州市	约 6500 年前
白洋村遗址	稻作农业	云南宾川县	约 4200 年前

出处：中国中央电视台《稻米之路》纪录片

　　根据上述考古发掘和碳 14 测定，我们不难发现约 7000 年前华夏先民已经在长江中下游流域开始了水稻的种植，作为狩猎和采集经济的一种补充，稻作随着时间和人类生存环境的发展变化，逐渐演变成古代先民主要的经济活动。

　　1993 年发掘的龙虬庄遗址就是一个很好的说明。5000~7000 年前，龙虬庄所属的江淮平原是江苏坳陷带的组成部分，河湖相连，是一个水网发达、树林繁茂、物产丰富的沼泽湿地。在那时，龙虬的先民不仅会采集、狩猎、捕捞，而且还懂得如何栽培水稻。龙虬庄遗址最为珍贵的是在遗址地层中出土了大量的碳化稻米和古文字陶片，它对于研究稻作农业的起源和我国文字的产生均具有重要的意义。江苏省农业科学院的研究人员根据对地层的分层测定和对碳化稻米的研究，发布了非常有意义的研究结果。

　　最上层第四层（碳 14 测定约 5000 年前）：相较于其他地层，颗粒最大。

　　第六层出土：相较于第七层，稻米颗粒变大，颗粒大小偏差明显。

　　第七层出土：相较于第八层，稻米颗粒变大，颗粒大小偏差变大。

　　最下层第八层（碳 14 测定约 6000 年前）：碳化米颗粒偏小，颗粒大小偏差小，稻种近似野生稻，处于栽培稻原始阶段。

　　远古的先民使用原始方法将野生稻栽培后，随着稻作文明的发展，颗粒饱满稻种逐渐被选出成为栽培稻的优良种子，这个过程也是稻作文明在长江中下游缓慢演化的一个缩影。根据农学和生物学家的研究，亚洲的栽培稻分为粳稻和籼稻两个亚种。粳稻根据其播种期、生长期和成熟期的不同，又可分为早粳稻、中粳稻和晚粳稻三类。一般早粳稻的生长期为 90~120 天，中粳稻为 120~150 天，晚粳稻为 150~170 天。它们的播种期和收获季节，由于各个地区气候条件的不同，也有很大的差异。

籼稻的性状比较接近于其祖先野生稻，所以有学者认为籼稻为基本型，粳稻为变异型。籼稻适宜于在低纬度、低海拔湿热地区种植，谷粒易脱落，较耐湿、耐热、耐强光，但不耐寒；粳稻则较适于高纬度或低纬度的高海拔种植，谷粒不易脱落，较耐寒、耐弱光，但不耐高温，所以长江中下游双季稻区的后季以及黄河以北

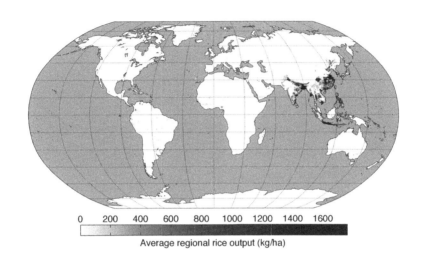

图 6-2　世界稻米产区产量分布

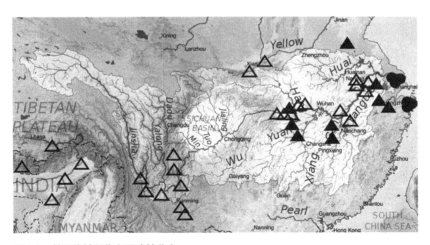

图 6-3　长江流域稻作文明遗址分布
●约 6000~7000 年前的稻作遗址　▲约 4000~6000 年前的稻作遗址　△约 3000~4000 年前的稻作遗址

一般采用粳稻品种。

粳稻起源于中国的长江中下游流域，已成为科学界的共识。起源于长江中下游的粳稻又是如何向外传播的呢？很多年前，学术界曾经有一种说法认为稻作起源于印度的阿萨姆和中国的云南地区，这种亚洲稻起源学说已经得到更正。英国一些基因组研究人员在一篇通过大规模基因重测序来追溯数千年进化史的研究论文中断言，稻作起源于中国。刊登在最新一期《国家科学院学报》月刊上的这一研究成果表明，栽培稻可能早在将近9000年前就已在中国长江流域出现。

亚洲稻是世界上最古老的农作物之一。它也是一种品种非常多的作物，在全世界有数以万计的品种。稻的两大亚种是粳稻和籼稻，包含了世界上大多数的品种。因为稻的品种是如此之多，以至其起源一直是科学辩论的话题。一种理论，即单一起源理论，认为粳稻和籼稻是经由同一源头从野生稻栽培而来。另一种理论，即多起源理论，认为这两种主要的亚种是在亚洲的不同地区分别栽培而来的。多起源理论近年来被广泛接受，因为生物学家在粳稻与籼稻间观察到了重大的基因差异，而且，中国和印度的数个研究稻品种之间进化关系的项目支持了这种观点。

在刊登于英国《国家科学院学报》的稻米起源论文中，研究人员使用早先公布的一些数据集（其中一些曾被用于支持粳稻和籼稻起源不同这种论点）重新评估了栽培稻的进化史或者说是种系发生史。然而，在使用更为现代化的计算机算法后，研究人员断言，这两个亚种起源相同，因为它们之间的基因关系比它们与在印度或中国发现的任何野生稻品种之间的基因关系都更为密切。

该论文的作者还通过对采自众多野生稻和栽培稻品种的某些特定染色体上的630个基因片段进行重新测序，研究了栽培稻的种系发生史。使用新的模型设计技术，他们的研究成果表明，基因序列数据与单一起源理论更相符。这些研究人员还使用稻基因的"分子钟"研究了稻的进化时间。他们确认，栽培稻起源于大约8200年前，而粳稻和籼稻的分化是在大约3900年前。他们指出，这些分子的鉴定年代与考古研究结果相一致。考古学家在过去10年中发现大量证据表明，大约8000~9000年前，在长江流域人类开始栽培稻，而在印度的恒河流域，人们大约于4000年前开始栽培稻。

长江流域的先民在掌握了栽培稻的技术后，栽培稻作从长江中下游向西南进入云贵高原，向东远播到当时属于东亚大陆的朝鲜半岛。

20世纪50年代开始，亚洲的人类文化界盛行"照叶树林文化论"。这种理论认为从喜马拉雅山南麓东经不丹、阿萨姆、缅甸、中国云南南部、泰国、老挝、越南北部、中国长江南岸直至日本西部这一辽阔地域，为东南亚一大自然地理带。在这片湿润的地理带内，生长着以青冈栎为主的常绿阔叶林，因此将这一自然地理带称为"照叶树林带"。"照叶树林带"的山地和森林孕育出了不同于其他自然地理带的植物同质文化圈，其最基本、最重要的文化特征是以栽种水稻、杂粮（包括旱稻）、薯类为主的砍烧地农耕，所以把这一广阔自然地理带的同质文化称为"照叶树林文化"，或称"东亚半月弧稻作文化圈"，并认定为亚洲栽培稻的发源地。从远古的"百越族群"先民的迁徙活动地域，到傣族定居地区，都是在我国境内以及同周边国家接壤的边疆，从未超出"东亚半月弧稻作文化圈"自然地理带范围；加之傣族及其先民自古以来主要居住于低海拔地带的平坝河谷区内，与水结下了不解之缘，水丰地肥，适宜种植水稻和各种农作物。

持这一观点的学者认为这一地带的文化具有相通性，其最基本、最重要的文化特征是以栽种水稻、杂粮（包括旱稻）、薯类为主的烧田农业。这些已有的研究成果对于继续研究东亚地区早期农业产生和发展具有相当的启发和参考价值。日本人类学研究学者乌越宪三郎甚至提出了日本的稻作起源于"东亚半月弧稻作文化圈"核心地带的云南。

那么日本稻作文明又是从何而来呢？目前日本学术界虽然意见不一，但是结合

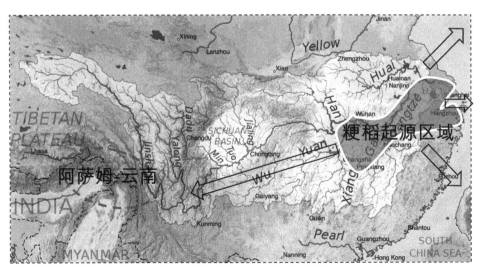

图 6-4　稻作文明的传播路径

近年来最新的考古、农学、生化学研究，基本认定日本的稻作是由中国的长江中下游经过海路传到日本九州地区，再从九州传播开来。现将主要研究结果介绍如下：

农学者安藤广太郎认为日本的粳稻是由长江下游直接传播到日本本土。

考古学家八幡一郎更是指出长江下游的吴楚难民由于躲避战乱流亡至日本，将栽培稻经海路传入日本北部九州。

2002年，日本的农学者佐藤洋一郎，运用简单重复序列分别测定中国、朝鲜、日本的温带粳稻稻种，最终确认日本的粳稻稻种来源于中国长江下游流域而非朝鲜半岛。随后日本育种协会通过再现性实验也验证了这一发现。

2008年，日本农业生物资源研究所通过测定稻米遗传基因 qSW5 也证实了日本粳稻起源于中国而非朝鲜半岛。据悉，遗传基因 qSW5 直接影响稻米颗粒宽度。

弄清楚了日本稻作起源，那么日本的栽培稻是何时开始的呢？

根据目前部分发掘的碳化大米的碳 14 测定，日本早在绳文时代后期已经开始了原始的稻作。通过分析碳化米的性状，绳文时代后期的所谓稻作并非是水稻，而是原始的旱稻。以下是部分日本本土发掘的碳化米经过碳 14 测定结果：

表6-2　日本部分出土碳化米碳测定结果

遗址名称	学者推测年代	碳 14 测定年代
11 号土圹碳化米（山口县宫原遗址）	弥生前期	公元前 890±70 年
17 号土圹碳化米（山口县宫原遗址）	弥生中期	公元前 1410±120 年
18 号土圹碳化米（山口县宫原遗址）	弥生中期	公元前 2030±380 年
27 号土圹碳化米（山口县宫原遗址）	弥生中期	公元前 3130±230 年
碳化米（熊本县山鹿遗址）	3 世纪中期	公元前 260±30 年

日本的水稻一般认为是温带粳稻种植，而非籼稻，根据日本农学者佐藤洋一郎的研究，日本国内部分遗址虽然发掘出热带粳稻的旱稻碳化米粒，但是作为日本最普遍和最具有代表性的温带粳稻（水稻）直到弥生时代才传播到日本本土。

日本弥生时代的年代，虽然在学术界还有一定争议，但是一般认为是公元前 5 世纪至公元 3 世纪之间。所以我们一般认为日本弥生时代相当于中国的春秋战国、秦汉时期。春秋晚期，长江下游的吴越之地种植水稻技术高度发达，水稻作为江南的主要经济作物，出身天潢贵胄的姬氏一族自然明白稻种对于生存的必要，因此我

图 6-5　日本新天皇登基之后祈求五谷丰登的"大尝祭"

们没有理由不认为以姬氏一族为代表的所谓"渡来人"衣冠东渡的同时将江南的水稻稻种和栽培技术带入日本。当然这里水稻也指的是温带粳稻。

中国中央电视台《稻米之路》中提到，日本民间认为稻米是徐福从中国带到日本九州后，从九州向日本列岛传播开来。从目前的日本考古发掘和日本本土的水稻研究情况来看，早在徐福之前的春秋时代，温带粳稻的栽培已经在日本传播开来。

稻米之路，发源于中国的江南，时至今日，已在世界各地散播，成为地球上人类最赖以生存的植物物种。日本的稻作于公元前 5 世纪自中国吴越之地由海路直接传入北部九州，稻米在北部九州扎根后，又沿着日本古代丝绸之路向日本列岛散播。

关于日本古代丝绸之路，我们在接下来的章节中讲述。

第二节　锦绣云霞

《三国志·魏书·乌丸鲜卑东夷传》说倭国种苎麻，养蚕桑，缉绩，出细纻、缣绵，卑弥呼遣使于正始四年（公元243年）向魏王贡倭锦、绛青缣、绵衣等若干。足见当时的倭国纺织业已成气候，纺织产品作为向上国供奉的礼物。姬氏卑弥呼的时代，养蚕缫丝，苎麻种植和同时期的东亚大陆有什么样的关联呢？

我们将公元243年这一时间轴分别向之前和之后推演，看看日本本土的丝织品考古发掘情况。根据日本学者布目顺郎的整理，现摘录如下：

表6-3　日本本土丝织品考古发掘情况表

序号	出土地和遗址名称	测定历史时期
1	福冈县福冈市早良区有田遗址	弥生前期
2	福冈县福冈市西区吉武高木遗址	弥生中期初叶
3	福冈县福冈市博多区比惠遗址	弥生中期前半
4	福冈县甘木市栗山遗址	弥生中期前半
5	佐贺县神埼郡神埼町朝日北遗址	弥生中期中叶
6	福冈县饭塚市立岩遗址	弥生中期后半
7	福冈县春日市门田遗址	弥生中期后半
8	福冈县春日市须玖冈本遗址	弥生中期后半
9	福冈县太宰府市吉之浦遗址	弥生中期后半
10	长崎县岛原市三会村遗址	弥生中期后半
11	福冈县福冈市西区樋渡遗址	弥生中期后半
12	福冈县甘木市栗山遗址	弥生后期初叶

序号	出土地和遗址名称	测定历史时期
13	福冈县福冈市西区宫之前遗址	弥生后期终末
14	福冈县福冈市东区唐之原遗址	弥生后期终末
古坟时代遗址		
15	富山县富山市杉谷A遗址	古坟前期初叶
16	福冈县福冈市博多区那珂八幡古坟	古坟前期初叶
17	京都府中郡峰山町锻冶屋古坟	古坟前期后半
18	奈良县天理市柳本町大和天神山古坟	古坟前期后半
19	石川县七尾市国分町国分尼塚一一号坟	古坟前期后叶
20	福冈县糸岛郡二丈町一贵山铫子塚古坟	古坟前期末
21	京都府福知山市广峯一五号坟	古坟前期末
22	岛根县饭石郡三刀屋町松本一号坟	古坟时代前期
23	岛根县安来市矢田町椿谷古坟	古坟时代前期
24	岛根县安来市小谷土圹墓	古坟时代前期
25	岛根县安来市荒岛町造山三号坟	古坟时代前期
26	奈良县樱井市外山樱井茶臼山古坟	古坟时代前期
27	福冈县太宰府四菖蒲之浦古坟	古坟时代前期
28	京都府园部町园部垣内古坟	古坟时代前期
29	熊本县宇土市松山町向野田古坟	古坟前期至中期前半

纵观日本弥生时代的丝织品出土情况，我们发现所有的出土遗址或者古坟100%集中在今天的北部九州。从这个侧面也反映出，邪马台国必定是在日本的北部九州。北部九州是当时日本本土丝织产业唯一集中的地区。进入古坟时代，丝织品开始由北部九州分别沿濑户内海和日本海向日本北部传播，形成日本的两条主要丝绸之路。

第一条：北部九州→濑户内海→关西和近畿地区

第二条：北部九州→日本海沿岸→北陆地区

沿着这两条主要的古代丝绸之路，北部九州的稻作和冶铁等先进的文明一路向北传播到日本列岛。在传播的过程中，伴随着不同地域不同集团的人员往来，客观上也加速姬氏卑弥呼一族的势力扩张，最终以北部九州为桥头堡的姬氏一族在倭武王时代势力达到全盛，控制了日本全境，成为名副其实的大王。

第六章
稻米流脂　衣履天下

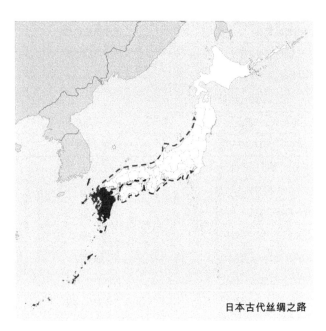

日本古代丝绸之路

图 6-6　日本古代的丝绸之路

　　弥生时代和弥生时代以前的中国古代丝帛起源和丝织技术发展又是什么样的情况呢？在迄今为止发掘的各种新石器遗址中，不仅发现了很多蚕形纹饰，而且还有蚕茧和丝织品的实物出土。从这古代出土文物和考古发现，我们可以梳理出中国古代的丝帛起源。

表 6-4　中国的丝帛出土情况表

时间	遗址名称和发掘地	主要发现
1921 年	辽宁砂锅屯仰韶文化遗址	大理石制作的蚕形饰物
1926 年	山西夏县西阴村居民遗址 （距今 5000~6000 年）	① 半截蚕茧，长 1.36 厘米，最宽处 0.71 厘米 ② 发现原始纺丝工具——纺轮
1958 年	浙江钱山漾新石器时代遗址 （距今 4700 年左右）	① 丝线、丝带、丝绸片（未碳化，呈黄褐色，长 2.4 厘米，宽 1 厘米，属于家蚕蛾科蚕） ② 麻片
1960 年	山西芮城西王村仰韶文化晚期遗址	陶制蚕蛹形状装饰物，长 1.8 厘米，宽 0.8 厘米
1977 年	浙江河姆渡遗址 （距今约 7000 年）	骨盅，孔壁有清晰可见的螺纹，腹部外壁刻有编织纹和 4 条蠕动的蚕纹
1984 年	河南荥阳县青台村文化遗址	① 平纹织物、罗织物 ② 麻纺织物

大量的蚕形纹饰出土，既说明蚕和人们日常生活关系之密切，又表明当时可能已经出现了蚕神的崇拜。而丝织物的出土则说明在距今5000年之时，黄河流域、长江流域已经开始了人工养蚕，出现了一定规模的产业生产。也就是说中国是蚕业丝绸的源头，至少在新石器的晚期，不同地域已经出现人工饲养。

根据《周礼》记载，周王朝对于纺织手工业非常重视。纺织手工业从纺织原料的征集，到纺织、织造、练漂、染色等工作都设有专门的管理机构，并且彼此有细致的分工。周代将掌管纺织生产的管理机构称为"典妇功"。"典妇功"分"典丝""典枲""内司服""缝人""染人"，五个部门。典枲和典丝负责每逢祭祀、丧礼，以丝绣装饰祭器，遇到帝王赏赐有功之臣，提供作为赐品的丝绸；内丝服负责王和王后的"朝服"以及祭祀大典之服；缝人负责缝纫；染人专管染丝和染绸。

西周到战国时期，丝织手工业发展很快，织造丝织物的地区大大增加。这个时期由于丝绸在经济生活中占有重要地位，各个国家统治者都把加强桑蚕生产作为富国之策，劝导人民努力养蚕桑，并且制定出各种优惠政策。如秦国的商鞅变法就颁布法令，生产丝帛者可以免除徭役。

春秋之时的吴越相争，越国败亡。勾践卧薪尝胆，力图复国，一方面实行"必先省赋敛，劝农桑"的政策，大力发展经济，并"身自耕作，夫人之织"，极力积累财富；另一方面又多方引诱吴国君臣，削弱斗志，曾"重财帛以遗其材，多贷赂

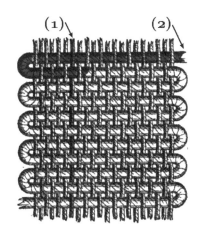

图 6-7　平纹丝织

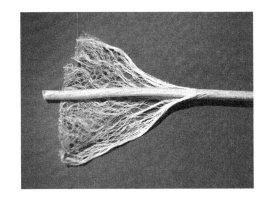

图 6-8　麻纺织

以喜其臣",20年之后,终于灭吴,复兴了越邦。

《吕氏春秋》和《史记》等书中都曾记载这样一个故事:在吴国和楚国接壤的边境,两国女子因为争夺桑叶,发生纠纷,居然殃及人命。楚平王闻听之后,非常愤怒,决定派兵攻打吴国。吴国公子光乘机进军楚国,占领了居巢和钟离,大胜而回。

耕和织是中国古代的主要生产支柱,所以历来有这样的说法:"一夫不耕,或受之饥,或受之寒。"纺织手工业几乎是古代农户最为普遍从事的家庭副业,没有例外。《玉台新咏》有诗为证:

> 上山采蘼芜,下山逢故夫。
>
> 长跪问故夫:"新人复何如?"
>
> "新人虽言好,未若故人姝。
>
> 颜色类相似,手爪不相如。
>
> 新人从门入,故人从阁去。
>
> 新人工织缣,故人工织素。
>
> 织缣日一匹,织素五丈馀。
>
> 将缣来比素,新人不如故。"

关于麻,它是我国最早采用的纺织原料之一。麻的历史可追溯到远古时代。在古文献中称作"布"的并不是指现在的棉织品,而主要是指麻、苎、葛等植物纤维织品。《小尔雅》记:"麻纻葛曰布。"1972年江苏苏州草鞋山新石器时代的遗址中,出土了三块珍贵的葛布残片,浙江吴兴钱山漾出土了几块苎麻布残片。经分析,这些实物布纹残痕每平方厘米皆各有经、纬线10~11根;葛布残片的经纱密度约为每厘米10根,直径投影宽度为0.45~0.5毫米;苎麻布系平纹织物,有经纬密度分别为每厘米24根和16根以及30根和20根两种。

由此可见,在四五千年前我国葛麻纺织技术已有了相当高的水平。战国时期精细的苎麻布已和丝绸比美,贵族常用它作为互相馈赠的贵重礼品,长沙马王堆一号汉墓出土的精细麻布,已接近今天的白府绸。由于葛对气候和土质的要求较高,种植范围又只限于一些山区,苎麻的加工比较麻烦,细麻与丝绸价格昂贵,只有贵族享用,平民穿不起,所以在很长一个时期内,大麻粗衣一直成为我国广大人民,特

图 6-9　中国古代捣练图

别是劳动大众的主要衣着。

那么，中国的丝绸和麻布等纺织技术是何时何地怎样传播到世界各地的呢？

众所周知，公元 6 世纪以前，不光中国的历代朝廷禁止蚕桑技术外传，就连从中国学习并于公元 6 世纪已经掌握蚕桑技术的波斯人为了自身的经济利益，也秘而不传。根据欧洲史书记载：在查士丁尼大帝时代，有两个僧人自中国回到罗马，密匿蚕卵于竹杖之中，状如进香游客。虽然我国严禁输出，但还是被窃至君士坦丁堡。从此欧洲开始有蚕业之兴起。

根据《穆天子传》记载，周穆王在即位的第十三年，也就是公元前 989 年，以伯夭为向导，乘坐八骏马车，带着大量的丝织品，从陕西出发，入河南，过山西，出雁门关到内蒙古，沿着黄河经宁夏至甘肃，过青海越昆仑山入新疆，翻过葱岭到中亚伊朗高原后，才从天山北路回归。由此可见，中国的丝绸早在 3000 多年前已经向西传播。公元前 138 年，张骞第一次出使西域，在出使期间张骞掌握了大量西域国家的军事和经济情报。到了公元前 119 年，张骞的第二次出使才将陆上主要

"丝绸之路"打通。

除了陆上丝绸之路，汉武帝还派人开拓了"海上丝绸之路"。这条海上丝绸之路从今天的雷州半岛出发途经越南、泰国、印度、斯里兰卡和印度尼西亚等国。在陆上丝绸之路衰落之后，成为我国对外贸易的主要商路。

关于丝绸东渡传入日本的时间，由于中日两国的史书没有确凿的记载，我们无法确认公元前473年之前中日两国是否有确凿的人员往来和官民交流。但是根据《松野连家谱》，公元前5世纪，作为中央贵胄的姬氏一族肯定将耕织这两大当时的主要经济活动带到日本北部九州。

日本学者布目顺郎通过对比研究中日两国出土的丝织物单位面积上的经纬密度、断面完全度、断面积等大量数据后得出结论，日本的养蚕技术和蚕种来自于中国的江南，更具体地说是现在的江苏和浙江；传播路径明显是由海路直接传入。布目顺郎将自己的这一研究成果汇集成册，写成了日本古代纺织学术界赫赫有名的《丝绸东渡》。

晋怀帝永嘉七年（公元313年）之前，中国统治朝鲜半岛的大部，所以中原的蚕桑技术早在殷商时期可能就传入朝鲜半岛。那么蚕桑技术是何时传入日本的呢？

《三国志》记载，是正始四年（公元243年），倭王向魏王献倭锦、绛青缣、绵衣。日本史书记载，雄略天皇在位的雄略十四年（约公元470年）还设宴招待从吴国来的使者。西晋时，秦始皇后裔弓月君曾率127县之民经过朝鲜移居日本，并将这些人分配到日本各地养蚕栽桑。南北朝时期，日本多次派遣使者到中国江南一带招募纺织工匠去日本传授技艺。唐宋有些人专程来中国学习织造技术。结合布目顺郎的研究，早在春秋时代，中国的养蚕技术和蚕种就已经带到日本北部九州。需要注意的是，蚕种和蚕桑技术牢牢地控制在朝廷中枢，一般的民众是无法获得并且藏匿输出的。只有王族才有可能将这种当时的尖端技术带到域外。

春秋战国时期，中国航海技术已经取得很大进步，我们完全有理由相信，从中国的东南沿海沿着黑潮顺流而上，不出十日以上，就可以顺利地抵达日本的九州岛。

春秋战国时期蚕桑生产，据说以临淄为中心的齐鲁地区规模最大，最为兴盛。《史记》说齐鲁之地土地贫瘠，人民贫困。直到姜子牙帮助周武王灭纣建功，被封于营丘（今天的山东临淄）后，他的子孙重视手工业，鼓励人们从事渔、盐、漆、

图6-10 古代收蚕选蚕图

丝的生产，才改变这种面貌，齐鲁之地的丝绸远销四方，获得"衣履冠带天下"的盛誉。

勾践灭吴后，越国引兵北上，大会诸侯于徐州，号称霸主，并把国都迁往齐鲁之地的琅琊（今天的山东胶南琅琊台西北）。齐越灭国之后，擅长航海之术的齐越众多难民入海逃生。所谓入海，一般是指东海的朝鲜半岛和日本。齐越贵族是否将当时中国最为先进的蚕桑纺织技术带到日本不得而知，期待中日两国考古有更多的发现。

第七章
东亚巨变　大权旁落

第一节　盛极而衰

《松野连家谱》里，倭武王之后，哲继位为倭国王，哲之后，满是否继承大统，语焉不详，亦没有注解。不过从满的继位者牛慈注解里，我们可以推定，满也是哲之后的倭国王。为什么这么说呢？

牛慈的旁注里有"金刺宫御宇服降为夜须评督"为证。"金刺宫御宇服降为夜须评督"翻译成现代汉语，意思是说金刺宫统治天下后，到了牛慈这一代已不是大王，从大王降格为评督。"评督"是什么官职？金刺宫又是哪位天皇？根据《日本书纪》和《古事记》记载，"金刺宫"是天国排开广庭天皇，谥为钦明天皇（公元539年登基），他也是宣化天皇的弟弟。至于他的本名，《日本书纪》和《古事记》居然没有任何记载，实在令人匪夷所思。

牛慈之后是长提，长提的旁注里有"小治田朝筑紫国夜须郡评督松峡野住"。"小治田朝"是推古天皇（崇峻天皇的妹妹，日本历史上的第一位女皇，小治田朝由圣德太子摄政）的时代，推古天皇约公元592年登基。筑紫国夜须郡指的是今天的福冈县朝仓郡夜须町附近，此地和今天的太宰府以及筑紫野市相邻。翻阅《日本书纪》天智天皇六年处出现"筑紫都督府"的称谓，筑紫都督府在什么地方呢？今天的福冈市南面，也就是今天的太宰府市。太宰府也是九州倭王朝政治中心，是筑紫国的核心位置，现在被称为"太宰府政厅遗址"的地方就是筑紫都督府所在地。自古以来，太宰府当地人一直亲切地称筑紫都督府为"都府楼"。

关于太宰府的都府楼，有菅原道真的著名汉诗《不出门》为证：

一从谪落在柴荆，万死兢兢局蹐情。

都府楼才看瓦色，观音寺只听钟声。

中怀好逐孤云去，外物相逢满月迎。

此地虽身无检絷，何为寸步出门行。

图 7-1　都府楼遗址复原图

图 7-2　都府楼遗址

延喜元年（公元 901 年），被日本人尊为"学问之神"的菅原道真因权臣藤原时平谗言突遭贬谪，从京都来到偏远的九州，任太宰权帅。此后郁郁而终，病逝在九州。《不出门》就是他贬谪居九州期间，害怕再次遭受打击，一直不敢与外界有过多的交往，过着谨小慎微而又无奈的生活状态写照。

考察中国古代历史文献，都督一名在汉末三国时期开始大量出现，其中有的是偏裨将校，有的则是一军元帅或一个军区的主将。前者被称为帐下都督或部曲督，后者被称为持节都督，影响最大的是后一种。持节都督来源于汉代的督军御史，职责是监督州郡镇压"盗贼"，如东汉顺帝时，御史中丞冯绲持节督扬、徐二州兵镇压九江"盗贼"，就是一例。其后，又以中郎将督军，更增加了军事统帅的因素。汉末董卓之乱后，州郡拥兵割据称雄，朝廷为了笼络他们，有以将军兼督数州或都督某州的称号。汉献帝建安二年（公元 197 年）以袁绍为大将军，赐弓矢节钺兼督冀、青、幽、并四州，是最早见于史籍的持节都督。大约同时，魏武帝曹操以程昱为中郎将，领济阴太守，都督兖州事。这种都督就成为统治地方的军政长官了。

根据《日本书纪》记载，天智天皇六年（公元 667 年）十一月九日，大唐王朝派往百济的镇守将军刘仁愿派遣熊津都督府的熊山县令、上柱国司马法聪等人将大山下境部连石积等送往筑紫都督府。结合上述种种记载，筑紫都督府确有其事。

白村江会战之后（公元 663 年）大唐王朝派兵驻屯倭国，在倭国设立了"都督府"，但是关于唐朝任命都督的记录却不见于任何史书。关于都督的任命，倭五王时代，中日两国史书倒是皆有记载。由此可见，所谓都督府并非古代中国的军事长官的"都督"。魏晋以来，海东各国为了寻求中原朝廷的支持，多次派遣使节向当时东亚盟主中国进贡，从而获得中原朝廷的封号。所谓"都督"不过是向中原朝廷表明永远臣服从而在本国获得正统地位的一种政治荣誉。

太宰府的"都府楼遗址"不仅大量出土了来自中国的陶瓷，还发掘到了制作精良的王冠。其中明显属于南方越州窑、长沙窑系统的青瓷数量更是数不胜数。此外来自中东地区的进口瓷器，以及明显来自中国的唐三彩、食品、药品亦发掘不少。那么这些制作精良的瓷器又是何时生产制作的呢？从青瓷的历史起源来看，太宰府都府楼遗址出土的青瓷明显属于西晋时期生产制作。

考察中国青瓷的历史，商周时期就出现了原始青瓷。目前在河南郑州、安阳、洛阳、巩县、偃师，河北藁城，北京，陕西西安，山东益都，安徽屯溪，江苏南京、丹徒等地商周遗址和墓葬中，先后出土了许多原始青瓷及残片，主要器形有樽、碗、盘、瓶、瓮、罐、豆等。经科学测定，它们已基本上具备了瓷器的特征，但与后来成熟阶段的青瓷比较，还带有原始性，如气孔较大，胎料中杂质较多，釉色还不够稳定，故称为原始青瓷。

越窑青瓷起源于魏晋南北朝时期，经考古调查证明，它的主要产地在浙江省的宁绍地区（唐代明州慈溪县上林湖，五代时划归越州，唐代亦称越州），是中国

图 7-3　越州窑青瓷

主要的青瓷发源地。在这片古窑场中，保留着丰富的陶瓷遗存。当时的陶瓷不但坚固耐用，而且质量较高，有耐酸碱、盛食不变味、易洗涤等特点。瓷器表面细腻光滑，滋润似玉，呈半透明色，极富美感。因此，六朝时期有"陶瓷时代"的美誉。东汉后期，烧制青瓷的技术已基本成熟，在迅速发展和工艺进步的基础上，经三国两晋南北朝，青瓷的烧制技术得到进一步发展，制瓷业的地域由南向北，几乎遍及全国。这也促使它不断发展，呈现丰富多彩、欣欣向荣的局面。

六朝青瓷的造型，一般说来比较单纯而相对稳定，变化不是太大，样式也不算太多。早期的瓷器因袭两汉旧制，显得拙朴规整，淳厚稳重，只有西晋青瓷造型丰富，承前启后，艺术性又特别强，设计方面做到了在实用的前提下适当注意美观大方。总体感觉清新典雅、柔和轻巧。

到了唐代，各个艺术门类都得到了高度的发展。越窑青瓷在唐代辉煌璀璨文化的影响下，又有了突出的成就。晚唐的"秘色瓷"是越窑的代表作品。隋唐五代的越窑可以说是一个大发展的时期，窑场扩大、作坊激增，仅上虞县就有28处。官府设立贡窑，其产品地位空前提高，大大促进了生产工艺和技术水平，并跻身于社会上层的生活领域。也由于越窑产品与金银、宝器、丝绸、珍品并列，使越窑成为全国六大青瓷名窑之首。许多文人纷纷吟赋作诗来赞美越窑。如顾况的"舒铁如金之鼎，越泥似玉之瓯"；孟郊的"蒙茗玉花尽，越瓯荷叶空"；施肩吾的"越碗初盛蜀茗新"；许浑的"越瓯秋水澄"；郑谷的"茶新换越瓯"；陆龟蒙的"九秋风露越窑开，夺得千峰翠色来"。诗赋反映了越窑瓷的釉色特点，或碧玉般晶莹，或嫩荷般透翠，或层峦叠翠般舒目，等等。

由此可见，青瓷有两个重要的发展时期，一个是公元3世纪后半叶的西晋，一个公元9世纪开始到公元11世纪，由"秘色"青瓷进入集大成的北宋。为什么能够断定这些精美的青瓷属于西晋呢？九州历史资料馆曾经委托专业从事断代测定的Palynosurvey公司对于都府楼遗址做过碳14断代调查。根据碳14的调查，保卫都府楼的卫城"水城"最下层约为公元240年，中层约为公元430年，最上层约为公元660年。

这个测定数据也和《三国志·魏书》《宋书》《晋书》等中国历史记载相吻合。卑弥呼女王于正始八年（公元247年）薨殁，卑弥呼之后的姬氏倭五王多次向东晋和南朝遣使，这段时间主要集中在公元5世纪。而结束倭五王统治的也正是公元7世纪由当时的大唐帝国发起发生在朝鲜半岛的白村江会战。

关于都府楼遗址的出土文物，我们不得不提到一位值得纪念的人物。根据九州古代史学会内仓武久先生提供的信息，福冈县筑紫野市的柳泽义幸先生耗用私财从20世纪50年代开始大量收集太宰府周边出土文物。1989年，柳泽先生又将这些收集的文物全数总计300多件无偿捐赠给福冈市博物馆。如果没有柳泽先生捐赠的这些文物，盗墓者将其转卖流失到海外，我们今日将无法见到这些见证九州历史的宝贵文物。其中值得一提的除了越州窑的青瓷，称得上国宝级别文物的当属罕见的王冠。

柳泽先生保存的王冠有两件，皆为铜板镀金材质，即所谓金铜冠。一件高度约为22厘米，呈三山形。另外一件高18.5厘米，整体呈熊蒜状。根据太宰府和北九州市教育委员会的研究，这两顶王冠的制作工艺虽然部分地方技法和熊本县的江田船山古坟出土的王冠有异曲同工之妙，但是从心形的冠顶加工工艺来看，明显属于特别的形制。另外，三山形制的王冠垂直而上，大小尺寸自上而下一致统一，另外一个熊蒜状的王冠，亦是类似形制里最大的尺寸。由于这两顶王冠皆为从盗墓者手里收购而来，只知道出自太宰府附近的古坟，至于具体地点不得而知。但是王冠的出土也间接说明了九州王朝的存在。

太宰府这一地名也非常有意思。众所周知太宰是中国古代官职，在不同的朝代职责和地位不同。"宰"作为官名，在甲骨文中已经出现，责任是总管王家事务。西周时开始设置太宰，也叫大冢宰，或大宰，即冢宰的首领。太宰的职责是"掌管国家的六种典籍，用来辅佐国王治理国家"。其中六种典籍是治典、教典、礼典、政典、刑典、事典，可见当时的太宰是百官之首，相当于后来的宰相或丞相。那么太宰府自然就应该是作为首辅的官邸，所以便有太宰府这一称谓。春秋时期，大家也许还记得有伯嚭这个人，出身于春秋晚期，楚国贵族，原为晋国公族，姬姓，吴王夫差时期太宰。吴王夫差之所以灭亡，据说和伯嚭对内残害忠臣，对外收受越国贿赂有关，客观上为勾践复国创造了有利条件。可见太宰一职关系社稷兴衰，乃社稷桢干。

分析《三国志·魏书·乌丸鲜卑东夷传·倭人》我们知道，卑弥呼女王建国后，大量承袭周朝官制和礼制，太宰府就是例证之一。在今天的太宰府市设立管理国家的中枢机构——太宰府，后人为了纪念太宰府所在地，便有了今日九州的太宰府。

由此可见，都府楼也好，太宰府也好，都是姬氏一族建立倭王朝的统治核心所在，《日本书纪》为了维持"皇国史观"，刻意降格篡改二位倭王的品级。不然出土的王冠和来自中国大量文物作何解释？

至于到了钦明朝，姬氏一族为什么王权旁落，从倭王家族转向地方豪族了呢？一般认为，这和日本历史上所谓的"磐井之乱"有关。关于磐井之乱的经过，来源于真伪难定的《日本书纪》中的记载。公元 527 年（继体天皇二十一年）6 月 3 日，大和朝廷的近江毛野率领 6 万军队，意图收复被新罗占领的南加罗、喙己吞（原先属于被大和朝廷控制的任那地区的国名），向任那进军。知道这个军事计划的新罗，贿赂了筑紫（九州地区北部）的实力派磐井（《日本书纪》记载为筑紫国造磐井），请求其阻拦大和朝廷的军队。

磐井于是起兵，在控制了火国（肥前国、肥后国）和丰国（丰前国、丰后国）的同时，封锁了日本和朝鲜半岛之间的海，将朝鲜半岛诸国来的朝贡船引诱进自己的地盘，阻拦近江毛野的进军，并与之交战。在大和朝廷商量派遣平乱军的会议上，继体天皇向大伴金村、物部粗鹿火、许势男人等人询问平乱军将军的人选，物部粗鹿火被众人推举，同年，继体天皇任命物部粗鹿火为将军。

公元 528 年，磐井军与物部粗鹿火率领的大和朝廷军在筑紫三井郡（现福冈县小郡市三井郡附近）交战，一番激战之后，磐井军败北。据《日本书纪》记载，当时磐井被物部粗鹿火斩杀。据《筑后国风土记》逸文记载，磐井逃往丰前国的上膳县，并死在那里的山中（但是大和朝廷军没有找到磐井的尸体）。同年 12 月，磐井之子筑紫君葛子为了避免连坐之罪，向大和朝廷献上糟屋（现福冈县糟屋郡附近）的屯仓，被免除死罪。

磐井之乱后的公元 529 年 3 月，大和朝廷再次派近江毛野前往任那的安罗，与新罗就领土问题交涉。《筑后国风土记》逸文中还记载了当时交战的情形以及磐井之墓的情况。《古事记》中记载，筑紫君磐井不服从天皇的命令，所以天皇派遣物部荒甲和大伴金村杀死了磐井的简单记载。《国造本纪》记载了磐井之所以作乱是受到了新罗的教唆。

当然上面这些故事明显是所谓"皇国史观"下的历史篡改，在当时日本以姬氏为代表的倭王一族统治日本，倭国拥有独立的外交、国家主权等，所谓的磐井之乱不如说是日本当时反对倭王势力（所谓大和势力）和倭王朝的一场权力斗争，是想独占外交权的大和势力对倭国发起的叛乱，比起大和势力，磐井王朝是更有权威的国家机器。

《日本书纪》完全是在藤原不比等等人的授意下，后世史官恣意润色加工而成，当然不足为信。第二次世界大战之后，根据早稻田大学教授津田左右吉博士的主张，《日本书纪》和《古事记》里所谓神代的记载完全是奈良时代史官的造作和捏造。真正值得花时间探讨和研究的是从推古天皇（公元 593~628 年）之后的《日本书纪》和《古事记》章节。所以，史学界一般将《日本书纪》以及《古事记》里记载公元 7 世纪之后部分内容作为信史，加以研究。

姬氏一族的大权旁落不仅和当时日本国内的权力争斗有关，更重要的是此时的东亚势力格局发生了翻天覆地的变化。白村江之战，倭国的军队以及倭国支持的百济大败于唐朝大军。长期将中原朝廷作为政治依靠的倭王姬氏一族在这种历史巨变中已经无法平复国内的反对势力，内外交困的倭王朝由此终结。煌煌巨族从此陨落，白村江之战后，姬氏再无大王。

日本贞观八年（公元 886 年），位于京都的平安京正面的楼门由于纵火发生火灾，皇宫受损。以纪夏井和伴善男为首的豪族势力被污蔑为纵火的主谋。这就是轰动京都的"应天门之变"。大正大臣藤原良房向当时的清河天皇鼓吹纵火为"重大事件"并乘机上位，登上了"摄政"高位，随后连"关白"也被藤原一族独霸。大纳言的伴善男被流放至伊豆半岛，纪夏井（担任讃岐守，相当于今天的香川县知事，深受文德天皇的器重，文德天皇是清河天皇的父君）也被贬黜至土佐。应天门之变后，纪氏一族开始没落。清河天皇这一年才只有 17 岁，朝廷的权力从此完全被外戚藤原氏控制。日本历史也开始进入"摄关时代"。控制朝廷的藤原氏世代承袭摄政和关白，成为实际控制日本的一号家族。

第二节　探真究源

夏鼐在《碳 14 测定年代和中国史前考古学》中披露，1950 年 W.F. 利比发明了常规碳 14 测年法后，中国科学院考古所便在 1955 年出版的《考古通讯》中介绍这种断代方法，后来中国科学院考古所、北京大学等许多单位相继建立碳 14 实验室。1972 年《考古》复刊后的第一期，公布了第一批测定年代，后来又陆续分批公开。碳 14 也是目前国际公认的断代方法。

碳 14 测年，也称为放射性碳测年、放射性碳定年等。

自然界中碳元素有三种同位素，即稳定同位素碳 12、碳 13 和放射性同位素碳 14。碳 14 由美国科学家马丁·卡门与同事塞缪尔·鲁宾于 1940 年发现。

利用宇宙射线产生的放射性同位素碳 14 来测定含碳物质的年龄，就叫作 14 测年。已故著名考古学家夏鼐先生对碳 14 测定考古年代的作用，给了极高的评价：由于碳 14 测定年代法的采用，使不同地区的各种新石器文化有了时间关系的框架，使中国的新石器考古学因为有了确切的年代序列而进入了一个新时期。

那么，碳 14 测年法是如何测定古代遗存的年龄呢？

原来，宇宙射线在大气中能够产生放射性碳 14，并能与氧结合成二氧化碳后进入所有活组织，先为植物吸收，后为动物纳入。只要植物或动物生存着，它们就会持续不断地吸收碳 14，在机体内保持一定的水平。而当有机体死亡后，即会停止呼吸碳 14，其组织内的碳 14 便以 5730 年的半衰期开始衰变并逐渐消失。对于任何含碳物质，只要测定剩下的放射性碳 14 的含量，就可推断其年代。

碳 14 测年法分为常规碳 14 测年法和加速器质谱碳 14 测年法两种。当时，W.F. 利比发明的就是常规碳 14 测年法，1950 年以来，这种方法的技术与应用在全球有了显著进展，但它的局限性也很明显，即必须使用大量的样品和较长的测量时间。于是，加速器质谱碳 14 测年技术发展起来了。

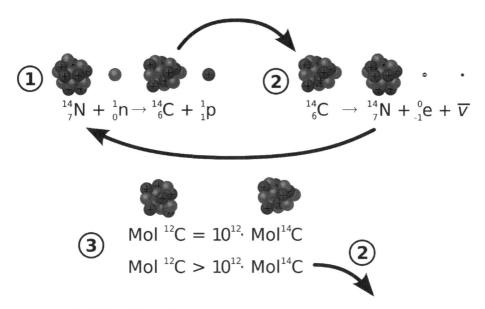

$$^{14}_{7}N + ^{1}_{0}n \rightarrow ^{14}_{6}C + ^{1}_{1}p \qquad\qquad ^{14}_{6}C \rightarrow ^{14}_{7}N + ^{0}_{-1}e + \overline{v}$$

$$Mol\ ^{12}C = 10^{12} \cdot Mol\ ^{14}C$$
$$Mol\ ^{12}C > 10^{12} \cdot Mol\ ^{14}C$$

图 7-4　加速器质谱碳 14 测年法原理

　　加速器质谱碳 14 测年法具有明显的独特优点。一是样品用量少，只需 1~5 毫克样品就可以了，如一小片织物、骨屑、古陶瓷器表面或气孔中的微量碳粉都可测量；而常规碳 14 测年法则需 1~5 克样品，相差 3 个数量级。二是灵敏度高，其测量同位素比值的灵敏度可达 10~15 至 10~16；而常规碳 14 测年法则与之相差 5~7 个数量级。三是测量时间短，测量现代碳若要达到 1% 的精度，只需 10~20 分钟；而常规碳 14 测年法却需 12~20 小时。

　　正是由于加速器质谱碳 14 测年法具有上述优点，自其问世以来，一直为考古学家、古人类学家和地质学家所重视，并得到了广泛的应用。可以说，对测定 50000 年以内的文物样品，加速器质谱碳 14 测年法是测定精度最高的一种。

　　那么日本考古学界是如何断代的呢？在进入这个话题之前，我觉得很有必要分享一些考古测定数据。这些数据也是曾经震惊日本学术界的宝贵证据。1996 年日本考古学界首次公布了部分遗址出土文物经过理化学年代测定（主要是碳 14）结果。这个结果对于日本考古学界影响巨大，深深地改变了日本乃至世界对于古代日本历史的认知。现将部分结果摘录如下：

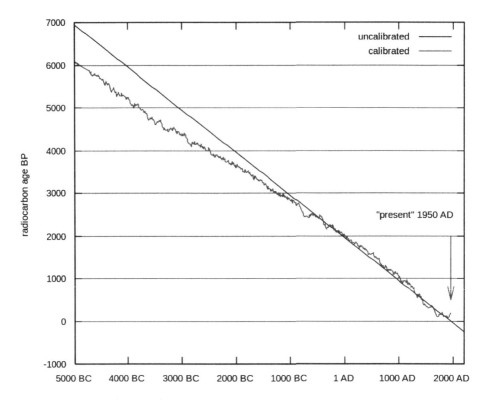

图 7-5 放射性碳元素含量测定值和测定值校正图

表 7-1 日本部分遗址出土文物理化年代测定表

遗迹名称（九州和山口地区）	考古研究推定	碳 14 测定
火葬墓碳（福冈县大迫遗址 6 号）	8 世纪中期以后	690±75 年
火葬墓碳（福冈县大迫遗址 16 号）	8 世纪中期以后	620±75 年
火葬墓碳（福冈县大迫遗址 21 号）	8 世纪中期以后	650±75 年
火葬墓碳（福冈县大迫遗址 23 号）	9 世纪初	690±75 年
火葬墓碳（福冈县大迫遗址 24 号）	8 世纪后半期	590±75 年
火葬墓碳（福冈县大迫遗址 36 号）	8 世纪中期以后	740±75 年
火葬墓碳（福冈县大迫遗址 37 号）	8 世纪后半期	610±75 年
火葬墓碳（福冈县大迫遗址 45 号）	8 世纪中、后期	710±75 年
火葬墓碳（福冈县大迫遗址 59 号）	8 世纪中期以后	820±75 年
火葬墓碳（福冈县大迫遗址 61 号）	8 世纪中期以后	740±75 年
火葬墓碳（福冈县大迫遗址 78 号）	8 世纪中期以后	600±75 年
火葬墓碳（福冈县大迫遗址 84 号）	8 世纪中期以后	550±75 年

遗迹名称（九州和山口地区）	考古研究推定	碳14测定
火葬墓碳（福冈县大迫遗址88号）	8世纪中期以后	910±75年
火葬墓碳（福冈县大迫遗址5号）	6世纪中期	410±75年
房屋碳化遗留（福冈县外之隈遗址）	6世纪后半期	190±90年
埴轮窑碳（福冈县润崎遗址）	6世纪末	310±75年
41号房屋碳化遗留（福冈野黑坂遗址）	6世纪前半期	740±10年
碳化材料（佐贺县神田中村遗址）	古坟时代前期	公元前950±120年
房屋遗留木片（熊本县沈木遗址）	4世纪后半期	230±80年
房屋碳化遗留（长崎县宫下遗址）	4世纪后半期	190±75年
木材（长崎县御田遗址）	古坟时代后期	600年
1号房屋碳化遗留（福冈县中道遗址）	弥生中期	公元前70±75年
4号房屋碳化遗留（福冈县中道遗址）	弥生中期	公元前260±75年
5号房屋碳化遗留（福冈县中道遗址）	弥生中期	公元前280±75年
11号土圹碳（福冈县中道遗址）	弥生中、后期	公元前140±75年
网笼（福冈县比惠遗址）	弥生前期、中期	公元前20±170年
储藏洞穴中层碳（福冈县重留遗址）	弥生中期	公元前270±75年
11号土圹碳化米（山口县宫原遗址）	弥生前期	公元前890±70年
17号土圹碳化米（山口县宫原遗址）	弥生中期	公元前1410±120年
18号土圹碳化米（山口县宫原遗址）	弥生中期	公元前2030±380年
27号土圹碳化米（山口县宫原遗址）	弥生中期	公元前3130±230年
7号房屋碳化遗留（山口县宫原遗址）	弥生后期	公元前560±80年
贝壳（山口县引野遗址）	弥生中期	公元前480±110年
壶棺墓圹碳（山口县丸山遗址）	弥生中期	公元前800±110年
储藏洞穴木片（长崎县津吉遗址）	弥生前期	公元前520±75年
储藏洞穴木片（长崎县津吉遗址）	弥生前期	公元前410±60年
2层木碳（长崎县津吉遗址）	弥生前期	公元前150±105年
柱穴（长崎县津吉遗址）	弥生前期	公元前270±95年
沟木材（长崎县今福遗址）	2世纪到3世纪	公元前340±70年
储藏洞穴（长崎县今福遗址）	弥生中、后期	公元前80±75年
植物遗体（佐贺县菜田遗址）	弥生前期	公元前1010±90年
植物遗体（佐贺县菜田遗址）	绳文时代晚期	公元前1280±100年
木碳（佐贺县宇木汲田贝塚遗址）	弥生前期	公元前290±50年

第七章
东亚巨变　大权旁落

遗迹名称（九州和山口地区）	考古研究推定	碳14测定
贝壳（佐贺县宇木汲田贝塚遗址）	绳文时代晚期	公元前420±50年
碳化材（佐贺县神田中村遗址）	弥生后期	公元前670±140年
碳化材（佐贺县神田中村遗址）	古坟时代前期	公元前950±120年
棺横烧土（熊本县沈目立山遗址）	弥生前期	公元前290±80年
碳化米（熊本县山鹿遗址）	3世纪中期	公元前260±30年
房屋遗址碳化遗留（熊本县山鹿遗址）	弥生后期	公元前85±20年

出处：《考古学和实际年代》日本埋藏文化财研究会 1996 年版

上面列举的部分遗址（主要是九州地区）有两个数据，一个是日本考古学者推论得出的历史年代，一个是利用当今世界上国际通用的碳14测定结果。虽然有一些遗址断代年代相近，但我们通过以上数据可以看出，学者的推论和碳14科学测定相去甚远。

那么日本考古学界所谓的推论又是根据什么得出具体年代的呢？日本考古学界根据出土的土器，仔细调查形状和制造工艺，最后根据土器推定年代，也就是日本学术界所谓的"编年方式"。

土器一般是指将黏土成形后在露天自然环境中烧制，烧制温度一般在600℃至900℃之间。陶器一般在1200℃以上温度烧制，瓷器一般在1350℃以上。陶瓷器使用专门的窑炉烧制，古坟时代开始制作的"须惠器"虽然也是用窑炉烧制，但温度在1000℃以上1200℃以下，一般也把它看作土器或者陶制土器。土器使用黏土自然烧制之后，胎土的本来性质还会部分显露，所以土器也好、须惠陶制土器也好，都是日本独特的一种断代判定方法。

据说，1996年日本首次公布碳14测定结果之前，考古学界震动。"保守派"认为土器编年断代已经非常充分，完全没有必要和国际上通用的碳14方法同步。"少壮派"强烈要求应该和世界接轨，使用科学的理化学方式测定。争论异常激烈，最后在"少壮派"的强行推动下，碳14测定终于得以实施，但是这些公布数据却不见于任何大众传媒，仅仅在埋藏文化研究会会员之间流通。

这些数据公布之后，出现了部分学者和机构更改原来的"土器编年"断代数据，将部分遗址的时间修正。

关于绳文时代以及上古考古，由于土器无法判定，日本考古学术界还是采用碳14测定方法，但是弥生时代和古坟时代由于完全放弃使用放射性碳元素测定而是使用日本独特的"土器编年"方法，导致日本遗址断代和世界考古学界无法接轨。再者，记录日本古代历史的《日本书纪》和《古事记》由于内容多为刻意主观编纂，以维护天皇的"万世一系"为指导思想，虽然留给后人一些线索，但是让人无法完全窥见古代历史的真实面目。

看来要想客观公正地了解日本古代史，任重而道远。

第七章
东亚巨变　大权旁落

第三节 人心史心

钱穆先生在其《国史大纲》写道"凡读本书请先具下列诸信念":

一、当信任何一国之国民,尤其是自称知识在水平线以上之国民,对其本国以往历史,应该略有所知。否则最多只算一有知识的人,不能算一有知识的国民。

二、所谓对其本国以往历史略有所知者,尤必附随一种对其本国以往历史之温情与敬意。否则只算知道了一些外国史,不得云对本国史有知识。

三、所谓对其本国以往历史有一种温情与敬意者,至少不会对其本国历史抱一种偏激的虚无主义,即视本国以往历史为无一点有价值,亦无一处足以使彼满意。亦至少不会感到现在我们是站在以往历史最高之顶点,此乃一种浅薄狂妄的进化观。而将我们当身种种罪恶与弱点,一切诿卸于古人。此乃一种似是而非之文化自谴。

四、当信每一国家必待其国民具备上列诸条件者比数渐多,其国家乃再有向前发展之希望。否则其所改进,等于一个被征服国或次殖民地之改进,对其自身国家不发生关系。换言之,此种改进,无异是一种变相的文化征服,乃其文化自身之萎缩与消灭,并非其文化自身之转变与发展。

近人陈寅恪不仅对钱穆先生的上面几段话大加赞赏,还提出了治史的几条建议:一曰取地下之实物与纸上之遗文互相释证;二曰取异族之故书与吾国之旧籍互相补正;三曰取外来之观念,以固有之材料互相参证。陈先生终身践行"独立精神,自由思想",蜚声海内外。

日本社会从古至今，持有"独立精神，自由思想"的良心学者虽然数量不多，但是他们前赴后继，厚积薄发，通过不断的努力，一代一代将日本历史本来的面目逐渐还原给后世的子孙，让今天的日本社会最大可能地重新审视自己的历史和故土，虽然这种梳理和重新校正伴随着剧烈的痛苦，甚至有时引起社会的剧烈动荡，但是这些先辈们薪火相传，探求真理的火种犹如奥林匹克的圣火一般，世世代代照耀着日本社会。我想也许这才是对待历史和祖先的温情与敬意。

日本自古以来为了维持"万世一系"的皇国史观，国家机器大行篡改和捏造之风，强行没收和焚毁与"万世一系"相抵触的一切历史资料和家族记录。公元 7 世纪以前的日本所有历史史料几乎毁灭始尽，不能不说这是东亚乃至世界文明的巨大灾难。

中国自古以来关于泰伯后裔东渡日本之说散见于《翰苑》《晋书》《梁书》，虽然只有短短一句"倭自谓泰伯之后"，但后世的《通鉴前篇》《海东诸国纪》《日东壮游歌》等都有更加详细的著述。

在日本，最先宣扬日本民族是泰伯后裔之说的是南北朝时期的禅僧中岩圆月。中岩圆月是日本南北朝时期临济宗僧人，出身相模国镰仓，俗姓土屋，中岩为法

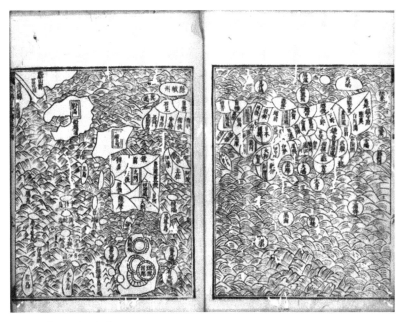

图 7-6 《海东诸国纪》

号，谥号佛种慧济禅师。先在镰仓寿福寺出家，后入醍醐寺学密宗。师事曹洞宗东明慧日。1325 年（正中二年）入元学习，1332 年（元弘二年）回国。他曾私撰《日本纪》，说吴太伯是日本皇室始祖，六世孙移往筑紫成为神武天皇，成书后朝廷大怒加以焚毁不准流传。

同时代的北畠亲房对于中岩圆月的"泰伯学说"大加鞭挞，并在其著名的《神皇正统论》应神天皇条目里斥责"泰伯学说"为异端邪说，应当予以摒弃。北畠亲房也是宣扬"万世一系"皇国史观的重要学者。

北畠亲房为了发扬南朝之正统性著有《神皇正统记》。江户时代，水户学之《大日本史》亦继承其观点，设立叛臣、逆臣传，瘝罚谋逆之人。一如《大日本史·逆臣》传序："弒逆，人神所共愤，而天地所不容也。一有弒逆之臣，则人人得而诛之。其得保首领、老死牖下，乃幸而免耳。异邦之史，臣弒其君者，历世不绝。故欧阳脩创例于《唐书》，《元史》臣论列于辽、金二史，皆本《春秋》之意，而使生者胆落，死者骨惊，抑又严矣。"

进入江户时代，林罗山、林鹅峰父子编纂《本朝通鉴》，也宣扬日本的始祖是泰伯后裔。林罗山父子在《神武天皇论》中肯定了神武天皇是泰伯后裔之说。据说读了林罗山父子《本朝通鉴》的水户藩主德川光圀，看到林罗山父子著述说日本是泰伯后裔之说后极为愤慨，因此下定决心编纂《大日本史》。

林罗山是江户初期的儒学大家，幕府儒官林家的始祖。名信胜，法号道春，又称罗浮子。京都人，曾入建仁寺为僧。早就有志于研究朱子学。拜藤原惺窝为师。1605 年（庆长 10 年）侍奉德川家康，禄米三百表，至家纲时，历任四代将军的侍讲。起草外交文书和诸法度，对整顿幕政有贡献。1630 年（宽永 7 年）在上野忍冈建家塾，此即后来的昌平黉（汤岛圣堂）。林罗山标定并出版了大量中国书籍，如《大学抄》《大学解》《论语解》等，在讲述经书方面也做出巨大成绩。他试用朱子学的观点叙述日本史，著《神道传授》《本朝神社考》等，企图调和日本的固有信仰和朱子学说。主要著作有《本朝通鉴》《罗山文集》等。

看来日本的"泰伯后裔说"一直生生不息，日本社会并未形成统一认知。明治维新后，皇国历史观变成主流，却随着一部分国粹思想主义之国学者如大国隆正之流，而演变成类似大中华思想般，自命为高人一等之天朝的变质局面。此者于二战时期达到顶峰，却也因二战战败而被视为禁忌。如今随口提起则恐有遭人侧目之虞。然而，在少部分右翼势力中仍然相当有其影响力，与左派进行意识形态之争。

此时"泰伯后裔学说"自然是无人敢提。

上述变质后的"皇国史观"之核心思想是：神化大和民族、日本天皇和日本宗教及文化；不顾日本二战时军国主义侵略战争的一面，单纯宣扬"自存自卫"和"解放亚洲"的"圣战""正义之战"之说。亦将侵略战争中的牺牲者看作是效忠天皇、"为国捐躯"的"英灵"。

二战后，"皇国史观"这种军国主义历史观，在美国占领日本初期的民主改革中已被否定。但随着美国与苏联进入"冷战"，美国占领当局认为，日本反军国主义的政治势力大多属于日本左翼力量；于是，为了压制左翼，美国占领当局改变了对日政策：一方面，改变原先废除天皇（美国曾认为天皇是日本军国主义势力的总代表）的想法，以减少日本右翼势力对美军占领的抵制，并压制日本的左翼；另一方面，又解除对日本的二战战犯及高官的清洗令，允许日本发展军备。

二战之后，津田左右吉博士主张《日本书纪》和《古事记》的所谓神代完全是后世史官的加工和造作，完全不能成为历史。由此发展出解放日本思想界的"津田史学"。"津田史学"的核心为"皇国史观"否定论，从而形成独树一帜的"津田史观"。这一史观成为日本战后历史学的主流思潮，津田因而被尊奉为日本现代历史学的巨匠。

1939年，津田兼任东京帝国大学法学部讲师，讲授东洋政治思想史。日本右翼主义者蓑田胸喜和三井甲之等人以此为借口，发表论文对津田展开了猛烈攻击，将津田斥为"恶魔般的教员最凶恨的虚无主义思想家"。随着日本右翼势力的快速增强，1940年2月10日，日本政府以其研究内容"对皇室不敬"颁令将津田著《古事记及日本书纪的研究》《神代史的研究》《日本上代史的研究》《上代日本的社会及思想》等4书予以封禁。同年，在文部省的要求下和早稻田大学的施压下，津田被迫辞掉早稻田大学教授一职。同时，因蓑田等人的上告，津田与出版者岩波茂雄被以违反出版法罪名起诉，1942年5月，津田、岩波被判有罪，津田被判处3个月有期徒刑，岩波被判2个月有期徒刑，皆为缓期执行。津田不服上诉，直到1944年失效而免了起诉。这就是当时轰动学术界的"津田事件"。

进入现代，日本历史学界呈现出"百家争鸣"的学术氛围。关于泰伯和泰伯后裔纪氏的研究又重新被拾起，涌现出众多的研究学者和重要的研究著作。这种势头如果一直这样保持下去，我们乐见"泰伯后裔学说"可以自成一家之言，让日本社会更多地关注自己的祖先和历史。

第七章
东亚巨变　大权旁落

第八章
国之大事　在祀与戎

第一节　纪州东征

武王克殷之后两年便去世。《封禅书》说"武王克殷两年，天下未宁而崩"。武王死后，成王年幼，周公深恐诸侯因此叛周，就自己"践祚代成王，摄行政当国"。果然，管叔、蔡叔煽动武庚叛乱，后东夷各部相续加入。周公宣布率兵东征，出师前，周公以成王的口吻发表诰文，申述所以东征的理由。《大诰》就是周公东征的动员报告。全文如下：

王若曰：猷！大诰尔多邦越尔御事。弗吊，天降割于我家，不少延。洪惟我幼冲人，嗣无疆大历服。弗造哲，迪民康，矧曰其有能格知天命。

已，予惟小子，若涉渊水，予惟往求朕攸济。敷贲敷前人受命，兹不忘大功。予不敢闭于天降威，用宁王遗我大宝龟，绍天明。即命曰：有大艰于西土，西土人亦不静，越兹蠢。殷小腆，诞敢纪其叙。天降威，知我国有疵，民不康，曰：予复反鄙我周邦。今蠢今翼，日民献有十夫予翼，以于敉宁武图功。我有大事，休，朕卜并吉。

肆予告我友邦君，越尹氏、庶士、御事，曰：予得吉卜，予惟以尔庶邦于伐殷逋播臣。尔庶邦君，越庶士、御事，罔不反曰：艰大，民不静，亦惟在王宫、邦君室。越予小子考，翼不可征，王害不违卜？

肆予冲人永思艰，曰：呜呼！允蠢鳏寡，哀哉！予造天役，遗大投艰于朕身。越予冲人，不卬自恤。义尔邦君，越尔多士、尹氏、御事，绥予曰：无毖于恤，不可不成乃宁考图功。

已，予惟小子，不敢替上帝命。天休于宁王，兴我小邦周，宁王惟卜用，克绥受兹命。今天其相民，矧亦惟卜用。呜呼！天明畏，弼我丕丕基。

王曰：尔惟旧人，尔丕克远省，尔知宁王若勤哉！天閟毖我成功所，予不敢不极卒宁王图事。肆予大化诱我友邦君。天棐忱辞，其考我民，予曷其不于前宁人图功攸终？天亦惟用勤毖我民，若有疾，予曷敢不于前宁人攸受休毕。

王曰：若昔，朕其逝。朕言艰日思，若考作室，既厎法，厥子乃弗肯堂，矧肯构？厥父菑，厥子乃弗肯播，矧肯获？厥考翼，其肯曰：予有后，弗弃基？肆予曷敢不越卬敉宁王大命？若兄考，乃有友伐厥子，民养其劝弗救？

王曰：呜呼！肆哉，尔庶邦君，越尔御事。爽邦由哲，亦惟十人，迪知上帝命。越天棐忱。尔时罔敢易法，矧今天降戾于周邦。惟大艰人诞邻胥伐于厥室，尔亦不知天命不易。

予永念曰：天惟丧殷，若穑夫，予曷敢不终朕亩。天亦惟休于前宁人，予曷其极卜，敢弗于从率宁人有指疆土，矧今卜并吉。肆朕诞以尔东征。天命不僭，卜陈惟若兹。

从周公上述"命龟"之辞，可以看出当时局势已十分严重。不仅周贵族内部有深刻矛盾，周和殷贵族之间也有严重的冲突。虽然占卜是吉兆，但是诸侯和贵族还是反对。由此可见，周贵族内部人心动摇，对于东征十分不利。周公为了在《大诰》里告诫诸侯要顺从天意（占卜），今日的周朝有明哲之臣的护佑定会大获全胜。周公东征，先控制大局，制止叛乱，然后各个击破，全面平定用了三年时间。

周公东征的胜利，"大艰"的局面转化为大好形势。周朝基本上完成了统一大业，奠定了创建周朝的基础。

姬氏卑弥呼死后（公元248年），年幼的壹与（一说台与）继承王位。此时的局势和年幼继位的成王颇为相似。台与之后的"倭国大乱"以及日本列岛上的其他势力对于王权虎视眈眈。虽然有魏国特使张政的斡旋，但张政走后各方势力角逐更加激烈，最后演变成战争。为了平定叛乱，纪氏掌控的倭王朝出九州，沿濑户内海沿岸一路向东，在今天的大阪湾附近登陆，开始了东征的历史。

众所周知，《日本书纪》和《古事记》为后世藤原不比等之流的阴谋政治家所授意编纂，内容不足为信史。但是我们却也可以从这两本史书记载中窥见一些有用的线索，这些有用的线索也给我们打开了一扇还原真实历史的大门。

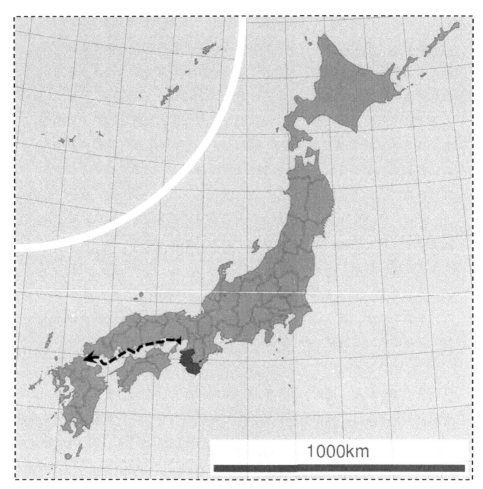

图 8-1　东征路线图和纪伊国在日本的位置

　　根据《日本书纪》记载，所谓的"神武天皇军"在大阪的生驹山麓被长髄彦打败，神武天皇的皇兄五濑命身负剑伤。负伤的五濑命带领天皇东征军队南下在纪川河口和名草户畔遭遇，名草户畔被五濑命杀死。后五濑命又在熊野遭遇丹敷户畔，将丹敷户畔杀死。

　　《古事记》崇神天皇段里记载有"木国造·荒河刀瓣"之名。《日本书纪》里崇神天皇段则记载有"荒河户畔"之名。

　　由此可见统治纪伊国的王有以下三人。

　　1. 名草户畔

图 8-2　纪川河口

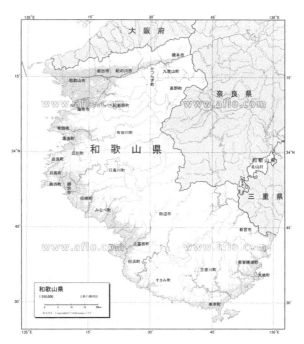

图 8-3　和歌山县地图

第八章
国之大事　在祀与戎

2. 丹敷户畔

3. 荒河刀瓣

名草户畔以名草山为据点，控制着纪川河口至河口以南的广大区域。

丹敷从名字看和铁以及水银有莫大的联系，一般认为是今天和歌山南部串本町附近。古代的纪川河时常泛滥，被称为"荒川"，荒河即是今天的纪川河流域。

一直到昭和初期，日语敬语里将地位崇高的年长妇人称为"刀自"。由于户畔和刀瓣的发音一致，结合古代对于女性首长的尊称，"户畔"和"刀瓣"明显就是指担任部落统领的女性首长。再结合具体的地名，我们不难发现东征之前各方的势力范围。从对部落统治称谓来看，纪伊国（今天的和歌山县北部）和熊野国（今天的和歌山县南部）有着和九州卑弥呼女王统治类似的权力结构。

根据《日本书纪》的记载，第一代神武天皇东征之前，名草户畔已经在以名草山为中心的地区建立统治部落。而位于纪川河口上游的荒川刀瓣为"木国造"（"国造"是地方的最高军政长官），明显地位高于名草户畔和丹敷户畔。《日本书纪》和《古事记》都记载荒川刀瓣的女儿嫁给崇神天皇为妃，由此可见作为木国造的荒川刀瓣和天皇联姻，地位非同凡响。

鲁迅先生1921年写成的长篇小说《故乡》里有一句名言："希望是本无所谓有，无所谓无的。这正如地上的路，其实地上本没有路，走的人多了，也便成了路。"公元3世纪的古代日本，可不是地上有了路，就有希望，谁都可以随便通过的。以从大阪湾前往奈良和京都等地为例，龙田道被物部氏掌控，竹内道被葛城氏控制，掌控交通要道的地方豪族对于通过此地的所有通行者有生杀之权力。为了安全地通过，要么向掌权的豪族进贡，要么恭请可以直接和掌控此地豪族对话的掌权者斡旋。陆上交通没有小道或所谓的捷径，为了通行别无他法。

海上的情况更是如此。古代社会惯常沿着海岸线航行，而掌控海岸线沿岸要地更是直接地掌控海权。纪氏东征有两条线路，从北部九州的有明海出发，或沿本州岛的沿岸，或沿四国岛沿岸。根据《日本书纪》和《古事记》记载，纪氏东征最初沿着本州岛沿岸，在逐渐掌控了本州岛沿岸之后，东征后期路线改为四国岛沿岸。

在东征的过程中，纪氏的战略非常务实和明确。首先将航路沿岸的要地一个一个有步骤、有计划地完全取得控制权，在确保航路沿岸每一个地方和九州的大本营可以保持密切沟通和联系的情况下，有序向东扩张势力，这是一个有序扩张势力的

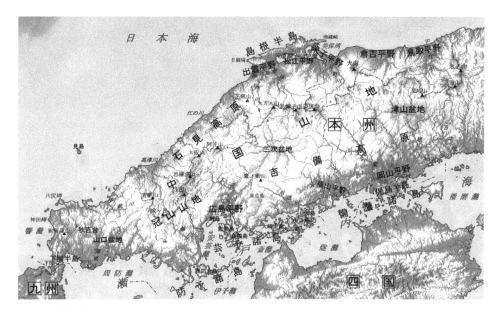

图 8-4　濑户内海沿岸

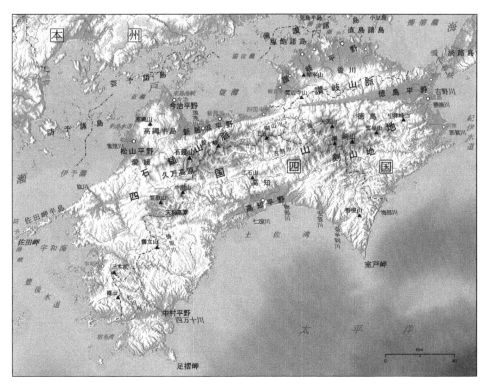

图 8-5　四国岛地图

第八章
国之大事　在祀与戎

图 8-6　和歌山县大谷古坟出土的石棺

过程，也是纪氏统治领土不断增加的过程。纪氏的东征先控制了濑户内海，然后大阪湾，接着纪伊水路的制海权也完全掌控。至此，倭国北部连接朝鲜半岛南部的制海权，从九州北部至大阪、奈良、京都及和歌山等地的海路以及沿岸的要地尽在纪氏势力范围。

从公元 3 世纪开始，纪氏水师据说所向披靡，北部的九州为大本营，向北屡屡进犯朝鲜南部，向东横扫濑户内海和大阪湾，并且完全掌控大阪、京都、奈良及和歌山四地的水路要道。

从濑户内海以及关西地区出土的组合式石棺证实了纪氏水师在各地的东征足迹。掌控沿岸制海权的纪氏一族成为当地的一方豪族，死后从遥远的九州将石棺运至墓地，这些石棺材质属于九州菊池河流域独有的阿苏山溶结凝灰岩材质。我们根据《东亚的古代研究》第 50 号刊载信息将这种九州独有的石棺出土遗址整理如下。

表 8-1　石棺古坟分布

编号	古坟或石棺名称	所在地	坟形	埋葬设施	南北区分
1	唐柜山古坟	大阪府藤井寺市国府一丁目	前方后圆	舟形石棺	北
2	长持山古坟	大阪府藤井寺市国府一丁目	圆坟	舟形石棺	北
3	备前小山古坟	冈山县赤磐郡山阳町	前方后圆	舟形石棺	北
4	青塚古坟	香川县观音寺市原町	前方后圆	舟形石棺	北
5	观音寺丸山古坟	香川县观音寺室本町	圆坟	舟形石棺	北

编号	古坟或石棺名称	所在地	坟形	埋葬设施	南北区分
6	伊予莲华寺石棺	爱媛县松山市谷町	不明	舟形石棺	北
7	八幡茶臼山古坟	京都府八幡市八幡庄	前方后圆	舟形石棺	南
8	御津町中岛石棺	兵库县揖保郡御津町	不明	舟形石棺	南
9	大谷古坟	和歌山市大谷	前方后圆	家形石棺	南
10	造山古坟	冈山市新庄下	不明	长持形石棺	南

出处:《石棺的运输》熊本大学高木恭二氏编著

　　《日本书纪》和《古事记》里大量记载纪氏一族在朝鲜半岛的军事活动,要想远征朝鲜,没有水师,光有强大的陆上武装力量是行不通的。而所谓"神武东征"也只有且必须依靠强大的海上武装力量。从吴越之地渡来、深谙水师、掌握造船和铁器制作的纪氏自然成为那个时代无人望其项背的时代骄子。

　　翻阅《日本书纪》的所谓神代天皇,没有任何史实旁证天皇一族的航海基因以及水战素养,所谓东征无非是附会擅长水师的纪氏一族罢了。

第二节　纪氏神社

　　纪氏东征后建立的主要根据地，一般认为有三个核心地点。一是古代日本所谓大和国平群郡纪里（今天的奈良县生驹郡平群町上庄附近）；二是沿着纪川河流域，相当于今天和歌山县的北部；三是和泉南部（今天的和歌山县和大阪府接壤地带），此地靠近大阪湾，也是当年理想的作战登陆地点。而四国岛沿岸的濑户内海周边，也分布大量纪氏族人的分支。

　　先说平群郡的纪氏。《日本书纪》应神三年条记载，平群臣的祖先木菟宿祢和纪臣的祖先纪角宿祢同时出现。又据《姓氏录》和《古事记》记载此二人都是武内宿祢的孩子。《日本书纪》和《古事记》里都没有提到纪角宿祢的母亲。但是《皇胤志》记载木菟宿祢的母亲是纪直宇豆彦的女儿宇乃媛，而宇乃媛在各种家谱里亦记载为纪角宿祢的母亲。

　　平群町西宫里的平群神社（祭祀平群臣祖先的神社）和平群町上庄的纪氏神社相距不到 2 公里。根据贞观十二年（公元 870 年）四月的《平安遗文》以及《正亲町伯爵旧藏文书》记载，纪氏神社最早位于上庄以南约 2 公里的大字椿井附近。由此可见纪氏神社和平群神社相距不到 500 米。

　　综上，抛开武内宿祢后裔一说，基本可以断定纪氏和平群氏为同族。古代的豪族无一例外将祭祀祖先的祖庙设于本族生活和活动的最核心位置，据此可断和纪氏为同族的大豪族平群氏的大本营在平群町。

　　昭和五十三年（1978 年），平群町发掘了五六栋被认为是建于公元 5 世纪中期干栏式仓库房屋群。除此之外，相距纪氏神社以南约 500 米位置的三里古坟，全长 35 米为前圆后方构造，三里古坟的石室构造和岩桥千塚古坟（纪川河口的纪氏古坟）有着异曲同工之妙。根据三里古坟的规模亦可窥见当年纪氏、平群氏的影响。

《日本书纪》记载，平群氏和纪氏一样，尚武勇猛，活跃于对外征伐。履中、允恭朝平群木菟宿祢任执政大臣。木菟宿祢之子平群真鸟从雄略朝开始把持朝政，专横跋扈。平群真鸟的种种恶行令天皇所不能容忍，在大伴金村的秘密准备下，公元5世纪末期真鸟全家遭到诛杀。

平群真鸟之后，平群氏一族的活跃基本上从《日本书纪》里销声匿迹。

奈良时代以及平安前期，平群氏一族活跃的中下级官员主要有平群朝臣安麻吕、平群朝臣丰麻吕、平群朝臣真常、平群朝臣广成等。

公元8世纪后半叶，平群朝臣虫麻吕、平群朝臣清麻吕等中下级官员见于史书记载。

纪川河流域也是纪氏东征之后建立纪氏势力范围的重要核心区域之一。纪川河口南岸有一座日前宫（也称国悬神宫），日前宫供奉有日像镜，日像镜和伊势神宫里的八尺镜据说是"兄弟镜"。日前宫的神官代代由纪氏族人担任，日前宫也将日像镜作为神灵供奉。

图 8-7　纪氏神社

日前宫位于今天的和歌山县秋月市。日前宫附近著名的岩桥千塚古坟群被认为是与纪氏一族有重大关联的古墓群。一般认为岩桥千塚古坟从 4 世纪末开始建造，一直持续到公元 7 世纪。古坟总数约有 700 多座。目前内部构造已经明确的约有 230 座左右。其中 190 多座为横穴式石室。岩桥千塚古坟群是日本古坟数量最多的遗址，既有方形也有圆形，前方后圆的有 29 座。

纪氏在九州和纪伊国同时期建造的古坟，带有明显的纪氏色彩。这种纪氏古坟一般建有特殊的石室构造，大量使用同一种石材。石室使用石材垒砌成墙面，墙面上的石材部分往外突出，每一层突出的部分形成石架，在石架上可以安放随葬品。石室天井上使用柱石横亘于石墙，形成石梁。这种特殊的石架构造为纪氏特有的古坟元素。

图 8-8　日前宫

根据目前的考古发掘，内部建造有石架构造的石室古坟沿着纪氏东征路线广泛分布。具体分布地点和数量参见下表：

表 8-2　石室古坟分布地点和数量表

序号	古代名	古坟名称	发掘地方	外形
1	大和	冈峯古坟	奈良县吉野郡下市町	圆形（18米）
2	大和	槙ケ峯古坟	奈良县吉野郡大淀町	圆形（11米）
3	大和	三里古坟	奈良县生驹郡平群町	前方后圆（35米）
4	河内	二阶塚古坟	大阪府八尾市	圆坟（约10米）
5	河内	神光寺本堂里古坟	大阪府八尾市	圆坟（约10米）
6	河内	二室塚古坟	大阪府八尾市	圆坟（约10米）
7	近江	齐赖塚古坟	滋贺县高岛郡	圆坟（约20米）
8	近江	穴太96号坟	滋贺县大津市穴太町	圆形（约10米）
9	越前	穴地藏古坟	福井县敦贺市	圆形
10	丹后	新户古坟	京都府中郡大宫町	圆形（22米）
11	丹波	拜田16号坟	京都府龟冈市千代川町	前方后圆形（35米）
12	丹波	小金岐76号坟	京都府龟冈市大井町	圆形
13	丹波	小金岐77号坟	京都府龟冈市大井町	圆形（约10米）
14	丹波	鹿谷古坟	京都府龟冈市薭田野町	圆形
15	丹波	岩井山3号坟	兵库县多纪郡多纪町	圆形
16	丹波	本庄古坟	兵库县多纪郡今田町	圆形
17	摄津	北浦古坟	兵库县三田市北浦	圆形（18米）
18	摄津	尼崎学院古坟	兵库县兵库区道场町	圆形
19	播磨	大塚古坟	兵库县印南郡志方町	圆形
20	播磨	原池上古坟	兵库县赤穗郡有年町	圆形
21	备前	荒神塚古坟	冈山县小田郡矢掛町	圆形（20米）
22	纪伊	花山14号坟	和歌山县和歌山市岩桥	圆形（15米）
23	纪伊	大谷山16号坟	和歌山县和歌山市岩桥	圆形（26.5米）
24	纪伊	大谷山22号坟	和歌山县和歌山市岩桥	前方后圆形（80米）
25	纪伊	大谷山3号坟	和歌山县和歌山市岩桥	圆形（14米）
26	纪伊	大日山61号坟	和歌山县和歌山市岩桥	圆形（8米）
27	纪伊	大日山35号坟	和歌山县和歌山市岩桥	前方后圆形（73米）
28	纪伊	大日山50号坟	和歌山县和歌山市岩桥	圆形（18米）
29	纪伊	大日山2号坟	和歌山县和歌山市岩桥	圆形（12米）
30	纪伊	大管山7号坟	和歌山县和歌山市岩桥	圆形（10米）

序号	古代名	古坟名称	发掘地方	外形
31	纪伊	前山 B162 号坟	和歌山县和歌山市岩桥	圆形（10 米）
32	纪伊	前山 B131 号坟	和歌山县和歌山市岩桥	圆形（20 米）
33	纪伊	前山 B137 号坟	和歌山县和歌山市岩桥	圆形（15 米）
34	纪伊	前山 B138 号坟	和歌山县和歌山市岩桥	圆形（15 米）
35	纪伊	前山 B118 号坟	和歌山县和歌山市岩桥	圆形（16 米）
36	纪伊	前山 B112 号坟	和歌山县和歌山市岩桥	前方后圆形（30 米）
37	纪伊	前山 B105 号坟	和歌山县和歌山市岩桥	圆形（18 米）
38	纪伊	前山 B107 号坟	和歌山县和歌山市岩桥	圆形（15 米）
39	纪伊	前山 B109 号坟	和歌山县和歌山市岩桥	圆形（20 米）
40	纪伊	前山 B110 号坟	和歌山县和歌山市岩桥	圆形（13.5 米）
41	纪伊	前山 B103 号坟	和歌山县和歌山市岩桥	圆形（13 米）
42	纪伊	前山 B71 号坟	和歌山县和歌山市岩桥	圆形（15 米）
43	纪伊	前山 B73 号坟	和歌山县和歌山市岩桥	圆形（12 米）
44	纪伊	前山 B76 号坟	和歌山县和歌山市岩桥	圆形（10 米）
45	纪伊	前山 B53 号坟	和歌山县和歌山市岩桥	前方后圆形（42.5 米）
46	纪伊	前山 B54 号坟	和歌山县和歌山市岩桥	前方后圆形（42.5 米）
47	纪伊	前山 B15 号坟	和歌山县和歌山市岩桥	圆形（12 米）
48	纪伊	前山 A67 号坟	和歌山县和歌山市岩桥	圆形（27 米）
49	纪伊	前山 A46 号坟	和歌山县和歌山市岩桥	圆形（27 米）
50	纪伊	前山 A23 号坟	和歌山县和歌山市岩桥	圆形（12.6 米）
51	纪伊	前山 A13 号坟	和歌山县和歌山市岩桥	圆形（14.4 米）
52	纪伊	天王塚古坟	和歌山县和歌山市岩桥	前方后圆形（86 米）
53	纪伊	井边 1 号坟	和歌山县和歌山市岩桥	方形（40 米）
54	纪伊	寺内 36 号坟	和歌山县和歌山市岩桥	圆形
55	纪伊	鸣泷 1 号坟	和歌山县和歌山市岩桥	圆形（30 米）
56	纪伊	山东古坟	和歌山县和歌山市岩桥	圆形（10 米）
57	纪伊	和佐 7 号坟	和歌山县和歌山市岩桥	圆形
58	纪伊	小仓 8 号坟	和歌山县和歌山市岩桥	圆形（15 米）
59	纪伊	小仓 3 号坟	和歌山县和歌山市岩桥	圆形
60	纪伊	船户山 2 号坟	和歌山县那贺郡山出町	圆形（14.4 米）
61	纪伊	船户山 3 号坟	和歌山县那贺郡山出町	圆形（20 米）

序号	古代名	古坟名称	发掘地方	外形
62	纪伊	箱山古坟	和歌山县那贺郡山出町	方形（30 米）
63	纪伊	箱山古坟	和歌山县那贺郡山出町	方形（30 米）
64	纪伊	木枕 5 号坟	和歌山县和歌山市木枕	圆形
65	纪伊	东山东 1 号坟	和歌山县和歌山市东山东	圆形
66	纪伊	ジョウ穴古坟	和歌山县那贺郡打田町	圆形
67	纪伊	竹尾古坟	和歌山县那贺郡打田町	圆形（11 米）
68	纪伊	高尾古坟	和歌山县那贺郡贵志川町	圆形
69	纪伊	北村古坟	和歌山县那贺郡贵志川町	圆形
70	纪伊	室山 2 号坟	和歌山县海南市里江	圆形（15 米）
71	纪伊	室山 3 号坟	和歌山县海南市里江	圆形（10 米）
72	纪伊	山崎 1 号坟	和歌山县海南市冈田	圆形（25 米）
73	阿波	野村八幡古坟	德岛县美马郡胁町	圆形
74	阿波	棚塚古坟	德岛县美马郡美马町	圆形（28 米）
75	阿波	荒川古坟	德岛县美马郡美马町	圆形
76	阿波	海原古坟	德岛县美马郡美马町	圆形
77	阿波	大国魂古坟	德岛县美马郡美马町	圆形
78	阿波	小野天神古坟	德岛县美马郡半田町	圆形
79	阿波	八幡 1 号坟	德岛县美马郡美马町	圆形
80	伊予	山口 1 号坟	爱媛县川之江市妻鸟	圆形（10 米）
81	伊予	新城古坟		
82	讃岐	久本古坟	香川县高松市新田町	圆形（16 米）
83	筑前	王塚古坟	福冈县嘉穗郡桂川町	前方后圆形（78 米）
84	筑前	竹原古坟	福冈县鞍手郡若宫町	圆形（14.4 米）
85	筑后	重定古坟	福冈县浮羽郡浮羽町	前方后圆形（50 米）
86	筑后	朝田古坟	福冈县浮羽郡浮羽町	
87	筑后	塚堂古坟	福冈县浮羽郡浮羽町	
88	筑后	秋尾古坟	福冈县大马田市东秋尾町	圆形（16 米）
89	丰前	城井古坟	大分县宇佐市四日市町	
90	丰后	千代丸古坟	大分县大分郡大分町	圆形（15 米）
91	丰后	鬼城古坟	大分县打大分郡玖珠町	圆形（12 米）
92	肥后	桂原古坟	熊本县宇土郡不知火町	圆形（10 米）

第八章

国之大事　在祀与戎

序号	古代名	古坟名称	发掘地方	外形
93	肥后	八角目1号坟	熊本县三池郡贤木村	
94	肥后	大野窟古坟	熊本县八代郡龙北村	
95	肥后	今城大塚古坟	熊本县上益城郡御船町	
96	备前		冈山县冈山市大洼	
97	备前		冈山县冈山市横井	
98	若狭	净土寺2号坟	福井县三方郡美滨町丹生	圆形

出处：奈良县立橿原考古学研究所

纪氏一族分支的纪臣氏，长期居于朝廷中枢，是名副其实的簪缨门第。而纪伊国和日前宫的神职纪氏一族当属于纪直氏。位于京都府八幡市男山顶上的石清水八幡宫是纪臣氏创建的重要纪氏神社。

纪伊国母亲河纪川河河口被誉为"纪国的男之水门"。男山的名称出自纪氏。奈良时代的纪氏高僧行教于贞观元年（公元859年）参拜九州的宇佐八幡宫，受宇佐八幡宫大菩萨的感化，向当时的清河天皇建议在京都也建设一座八幡神宫以镇护国家。清河天皇首肯后，在纪行教的主持下，于次年在京都男山创建了八幡宫。南山的中部喷涌出清澈泉水，石清水八幡宫由此得名。

宇佐八幡宫的祭神是宇佐大神。宇佐氏和纪氏都是擅长于金属冶炼的部族，石清水八幡宫建立后，纪臣氏一族担任石清水八幡宫的神官，世代传承。

图8-9　石清水八幡宫

第三节　武内宿祢

《论语·泰伯篇》："太伯，其可谓至德也已矣，三以天下让，民无得而称焉。"孔子很少夸人，对泰伯却不吝赞美之词，没有用"有德""盛德"这样的词，而是使用"至德"，这是一种最高程度、已臻极致的赞誉。

泰伯的至德在后世子孙依然光辉传承，吴王寿梦的四公子季札就是其杰出代表。《战国策》将他与泰伯并称："化荆蛮之方，与华夏同风，二人所兴。"左思的《吴都赋》则说："有吴之开国也，造自太伯，宣于延陵（季札）。"

季札也曾三次"让国"。他才德出众，寿梦十分看重，有意传位给他，但季札坚决不同意。老大诸樊辞世时又要传位给他，他再次拒绝，逃到山上隐居起来。诸樊只好交代老二、老三兄弟相传，最终务必将王位传给季札。结果老三死后，季札仍然坚决辞让。

东渡后的纪氏在日本历史上也有一段"让国"佳话。

应神天皇有9位妃子（包含皇后），这9位妃子为应神天皇育有11位皇子和9位皇女。长子为皇后所生的大鹪鹩（后来的仁德天皇），但是应神天皇并没有按照祖制立皇长子大鹪鹩为太子。大鹪鹩的弟弟皇子菟道（宇治）稚郎子聪颖，睿智过人，深受应神天皇宠爱，应神天皇四十年被册立为皇太子。

为什么应神天皇如此钟爱菟道稚郎子呢？这还得从菟道稚郎子的母亲说起。

应神天皇路过木幡村（今天的京都府宇治市）时，邂逅一位绝世美女，一见钟情。忍不住询问她的名字后当场答应第二天还会去看望她。果然第二天，应神天皇如期而至吟诵赞美长歌一首馈赠了佳人。这位佳人就是后来生下菟道稚郎子的皇妃宫主矢河枝比壳。

据说宫主矢河枝比壳的家族位于木幡村以北，琵琶湖下游，掌握水运和祭祀。根据对宫主矢河枝比壳父亲的记载，他们家族也应该是纪氏一族的分支，熟谙水运

图 8-10　宇治神社（供奉宇治稚郎子的神宫）

和祭祀。

公元 312 年，应神天皇驾崩。按照《日本书纪》和《古事记》的记载，大鹪鹩和菟道稚郎子围绕皇位继承互相禅让，成为一段佳话。

菟道稚郎子认为按照祖制，应该是皇兄大鹪鹩继承大统。而大鹪鹩则认为父皇既然册立菟道稚郎子为太子，理应由皇弟继位。就在两人推来让去之时，大山守命觊觎皇位已久，竟密谋夺取皇位。大鹪鹩主动出击，挽救了弟弟菟道稚郎子。两位皇子由于互相谦让，应神天皇驾崩之后，皇位空缺长达 3 年。

据说，当时有海上捕鱼人向天皇敬献鲜活海鱼。菟道稚郎子对来到菟道宫的渔人说："我不是天皇，请将鲜鱼速速送至难波宫中，我哥哥大鹪鹩才是当今的天皇。"两人推来推去，最后可怜的鲜活海货居然腐烂变质。

最终，菟道稚郎子感叹长此以往，连累众生，竟然以自杀谢世。大鹪鹩听闻噩耗，悲恸欲绝，不得已继位，是为仁德天皇。

菟道稚郎子的故事当然是后世史官的附会。根据《播磨风土记》等记载菟道稚郎子出生于属于纪氏集团控制的宇治川流域，也即是所谓宇治天皇。

应神天皇的母亲是日本古代史上赫赫有名的神功皇后。神功皇后和应神天皇的时代为公元 4 世纪后期。公元 4 世纪也是混沌的时代，这一时期倭国和中国的交往完全空白，中国的正史没有任何记载。而倭国和朝鲜却矛盾重重，长期处于战乱状态。

大鹪鹩出生这一天，一只木菟突然闯入产殿。应神天皇询问大臣武内宿祢："此属何兆？"武内宿祢连忙回答："此乃祥瑞之象，昨天贱内入产房之时，亦有一只鹪鹩飞入。"应神天皇闻此颇为高兴，对武内宿祢说："既然爱卿和寡人之子皆有吉祥预兆，我们应当互相取对方之瑞鸟作为姓名，这也是日后我们君臣友谊之象征。"于是应神天皇给皇子取名大鹪鹩，武内宿祢给自己孩子取名木菟宿祢。而木菟宿祢正是和纪氏属于同族平群氏的始祖。应神天皇有一位皇女叫纪之菟野，说明纪氏和天皇家族属于联姻的家族。

《日本书纪》景行天皇三年条里出现了纪直的远祖菟道彦。景行天皇行幸纪伊国打算祭祀神灵先祖，占卜的卦象显示大凶，不得已中止祭祀，改由屋主忍男武雄心命主持。屋主忍男武雄心命和菟道彦之女结合生下武内宿祢。《古事记》里也有同样的记载。

武内宿祢被认为是苏我、平群、纪、波多、许势等二十大豪族的共同始祖。武内宿祢还是孝元天皇皇兄的孩子。然而武内宿祢从景行天皇开始至仁德天皇，作为最重要的辅佐大臣，历六朝凡 244 年，活了 372 岁，显然是虚构的人物。

第九章
社稷桢干　国之良辅

第一节　武烈皇后

泰伯二十三世孙吴王夫差于公元前 473 年被越国灭亡，勾践毙夫差于秦余杭山卑犹亭，吴国王子王孙先前已四散避难。据江西余干《吴氏宗谱》记载，吴王夫差被越国灭亡后，越王勾践命人斩草除根，杀戮吴王夫差后人，于是，太子鸿和王子徽的子女，分别从安徽休宁翻过虎头山和婺源嶂公山隐匿到了浮梁的瑶里、九龙、西湖、江村、兴田、金竹山、南安、寿安、鹅湖、蛟潭、三龙、福港等地，同吴国溃败的残军一起在这一地带驻扎下来。

吴芮（公元前 241~前 201 年），江西景德镇浮梁县瑶里人，泰伯的第二十九世孙。吴芮在小时候十分聪颖，很受祖父疼爱，经常对他讲祖上的故事，回忆吴国的辉煌和富饶，讲解历史上的种种教训，从医学角度讲解易学的辩证道理，从棋艺中讲解当年祖先里著名军事家吴起的兵法、阵法。从小教他健身强体，练习拳脚武艺。吴芮经常和爷爷为伴爬山采药，听爷爷讲祖公公泰伯爱民如子的开国故事，他打猎捕鱼，饲养家禽，参加农业劳动。

青年时代的吴芮，经常研究《孙子兵法》和《吴起兵法》，带着吴氏族人子弟和当年跟随一起南下军士的后代，演练阵法。当时正处在战国时代，《史记·货殖列传》记载"六岁穰，六岁旱，十二岁大饥"，有旱灾 1392 次、水灾 1621 次。公元前 214 年，吴芮见到徐福（名议，生于公元前 255 年），徐福是一个富于冒险精神、涉猎广泛、精通儒墨道兵医各家的人，徐福祖上曾在吴国任御医，随太子友（太子鸿）一起南下到瑶里，其后人也一直以医传世。徐福到瑶里，吴芮的父亲吴申热情接待了他，而吴芮特别喜欢听这位走南闯北的朋友讲天下见闻。徐福特别看重吴芮兄弟俩，尤其是吴芮的弟弟吴莚，吴莚由于长期采药打猎，练就一身好武艺、好箭法，吴莚也想走出去见识一下世面，于是，吴莚从旧部后代中又挑选十几个能医善猎、有武艺，还会制陶、会种植药园的青年做徐福的弟子和侍卫，离开家乡随徐福而去。这一去,吴蜒他们再也没有回来,据说,随徐福走遍名山大岳,四处奔波行医,最后随船三千多人入海东渡到日本了(据日本史学界研究资料)。公元前278年,位于湖北江陵的楚国都城郢城被秦攻占,楚王室东迁至安徽寿春,秦军追击楚国王室,无暇顾及番越地带。在战国时代末,兵荒马乱,散兵游勇四处抢劫,吴芮不忍看到乡亲受到损害,组织队伍抗击流寇。吴芮为人宽厚,对于散兵游勇,只要不袭扰百姓,一律给予出路。在乡亲们的支持下,队伍不断扩大,他18岁时就统制兵马一万七千多人,分布在通向浮梁的各处要道,这支部队军纪严明,很受百姓拥戴。他的母亲梅氏为人十分贤慧,要他藏兵于民,兴农兴商。所以,他的部队吃穿不缺。在那时候,浮梁没有地方政权。吴芮派出自己队伍中的得力骨干到四乡发展,其势力范围北到安徽祁门,东到赣浙边界,南到福建,西到都昌鄱阳。

公元前207年2月,秦国面临各地义军武装割据的局面,采纳左相李斯谏言,稳定南方,阻止百越地区背叛,封吴芮为番君。"番"字的含义就是土著种田人的意思,"君"不是指君王,意思是指用一个竹子做的束发的帽子"冠",即给吴芮管理整个番地区的最高行政长官职权的封号,不给财政支持也不收税。吴芮父亲并不高兴他做什么官,只希望他爱护百姓,但同时也希望彻底解决吴越相争之后吴氏后裔隐蔽生活的局面。吴芮很希望像他的祖辈一样也找一个像太湖一样的地方发展事业,他爷爷给他一张"太衍水"(古代对昌江河的旧称)流域图,希望借朝廷给予的合法身份要他出去打天下,吴芮牢记家中长辈嘱咐,带着自己的队伍,告别乡亲,离开瑶里。从此以后,吴芮开始了新的征途。

从水路进入鄱阳湖后,吴芮靠岸建城,立为据点,这就是今日的鄱阳县。后来清人蒋士铨有七古咏,其中道:"暴虐当时苦秦政,独有番君重民命。抚字能仁杀贼勇,汉家名将秦时令。……丈夫功业立天下,生王死神宁苟且?江湖民心亦易得,在尔鄱阳后来者。"在鄱阳,吴芮首先用强硬手段清除盗匪劣徒势力,积极发展民生大计,开通航运,开发渔产,推广农业。

由于秦始皇横征暴敛,民不聊生,各地人民投奔吴芮。他听从部下意见,起用刑徒(秦朝因反抗朝廷人面上刺字的犯人)支持项羽,出兵横扫赣、湘、桂一带,史书上载:"番阳令吴芮,甚得江湖民心,号曰番君。布往见之,其众已数千人。番君乃以女妻之,使将其兵击秦。"一年间,吴芮不仅在鄱阳湖流域行仁政发展经济,而且势力范围扩大了数倍。公元前204年,吴芮取下长沙后,在滨临湘水的这

图 9-1 长沙王吴芮像

块沃土上，建设起了古城长沙。当时北方兵荒马乱，吴芮辖区相对来说平静，吸纳了大量商家南下长沙。距今 1500 多年的北魏人郦道元的《水经注》，是我国古代著名的地理学著作。《水经注·湘水》中说："汉高祖五年以封吴芮为长沙王，是城即芮所筑也。"这是现有的历史文献中关于长沙城最早的，也是最权威的记载。之后吴芮被项羽封为衡山王。史载"番君吴芮率百越佐诸侯，又从入关，故立芮为衡山王，都邾"。

　　吴芮在洞庭湖一带巡视时结识好友张良［张良，字子房，战国时韩国（今河南颍川）人，为刘邦出谋划策，是屡建功业的开国元勋］，在其劝导下，拥戴刘邦。项羽失败后，吴芮以吴国君王之后的身份，和韩信等人拥刘邦为帝。上表书说："楚王韩信、韩王信、淮南王英布、梁王彭越、故衡山王吴芮、赵王张敖、燕王臧荼昧死再拜言大王陛下：先时，秦为亡道，天下诛之。大王先得秦王，定关中，于天下功最多。存亡定危，救败继绝，以安万民，功盛德厚。又加惠于诸侯王有功者，使得立社稷。地分已定，而位号比拟，亡上下之分，大王功德之著，于后世不宣。昧死再拜上皇帝尊号。"这份出自张良手笔的请愿书被列入史记。刘邦也感谢吴芮的帮助，诏曰："故衡山王吴芮，从百粤之兵，佐诸侯，诛暴秦，有大功；诸侯立以为王，项羽侵夺之地，谓之番君。其以芮为长沙王。"

吴芮完成父辈之托，本以为可以大展宏图，但是没有想到却面临着政治斗争的旋涡。吴芮公开吴王之后代的身份，埋下隐患。韩信反叛汉王，使刘邦对异姓王不信任。有一次刘邦试探性地对吴芮说："吴，古之建国也。昔荆王兼有其地，今死亡后。朕欲复立吴王，其议可者？"吴芮说："沛侯濞重厚，请立为吴王。"叫刘邦的侄子刘濞去做吴王。吴芮按照张良计谋，保存实力。他一方面命其第五子吴元（姬妾生的儿子）带一部分家眷回到瑶里生活，另一方面将自己的部分精锐亲兵分到刘贾帐下。刘邦一共封了八个异姓王，吴芮对封王并不感兴趣，他不主张汉王分封诸侯，他也知道，刘邦封王在战争年代是为了收买人心，根据历史教训，他开始低调行事。把自己大部分领地让刘邦封给他的子女。张良辞官隐居后，在吴芮家中生活了一个多月。他的女婿英布野心勃勃，不听劝导，立意谋反，吴芮闻讯后立即通报荆王刘贾，要刘贾小心，后刘贾在鄢阳被英布鸩杀。

刘邦帝业定，刘邦和吕后就用种种方法，去消灭异姓功臣。吴芮的一举一动，刘邦了如指掌。但吴芮以德政稳定民心，不是做给刘邦看的，是真心实意从老百姓过日子出发。长沙王交出南越管辖权后，吕后突然削除汉封赵佗的"南越王"爵位，并遣军讨伐。吕氏朝廷派出的军队战争失败，引出很多复杂的民族矛盾，直到公元前191年吕雉要求长沙国派吏抚平，长沙王派出辛追、陆贾去谈判。辛、陆因与赵佗有旧，在南越受到盛大欢迎。佗献白璧、翠鸟、犀角、紫贝、生翠、孔雀等珍物，愿长做汉之藩臣，而实际上仍称王如故。吴芮的队伍向南发展，兵发南越，不战而屈人之兵，史料说是围而不歼，以和求全。占领南越后，派出大量农业技术人才在南越推广"芮"稻，尽一切力量开发利用当地资源，向所有下属谈吴国灭亡的历史教训，宣传"重民"理念。至今，广东和海南还在种这种稻子。吴芮以示好措施，在广西、南越少数民族地区推行和平共处政策，帮助该地区发展，在广西、越南等地区受到尊敬，至今在越南、桂林、柳州等地还有吴芮庙。

公元前201年，时年40岁的吴芮与同甘共苦多年的爱妻苹（长沙王妃毛氏是历史上著名的女才子之一）泛舟湘江，庆祝自己40岁的生日。吴芮望远山，思念家乡瑶里；看湘水，回忆青年时代在瑶里河畔晨鸡起舞的日子。面对明月，其妻吟咏："上邪！我欲与君相知，长命无绝衰，山无陵，江水为竭，冬雷震震，夏雨雪，天地合，乃敢与君绝。"吴芮听罢心潮澎湃，留言：芮归当赴天台，观天门之暝晦（死后请把我送回家乡瑶里五股尖仰天台，要与父辈祖先在一起述说，我尽最大努力做了他们嘱托我的事，可以放心地和他们在一起，朝迎旭日东升，暮送夕阳西下）。是年，夫妇双双无疾而终。吴芮的英年早逝，成为历史之谜，在各地史料中说法不一。

吴芮去世后，刘邦也流泪哀悼。刘邦恩赐吴芮享用黄肠题凑葬制，黄肠题凑本来为天子之制，足见刘邦对于长沙王的特殊感情。

吴芮被追谥为"文王"，王位世袭罔替。吴芮的长子吴臣继任为第二任长沙王。吴芮玄孙第五代长沙王吴差去世时没有继位的子嗣，吴氏的长沙王至吴差而终。以下是吴氏长沙王的在位时间和死后谥号。

长沙成王吴臣公元前 201 年～前 193 年在位

长沙哀王吴回公元前 193 年～前 186 年在位

长沙共王吴右公元前 186 年～前 178 年在位

长沙靖王吴著公元前 178 年～前 157 年在位

公元 153 年，为了纪念吴地始祖泰伯，吴郡太守糜豹修建了第一个泰伯庙。糜豹遍访泰伯后裔来主持祈庙仪式，吴芮的第十四世孙吴允承被汉桓帝封为奉祠侯，负责泰伯庙的祭祀工作。

吴允承也是季札二子吴征生的第二十五世孙，吴允承的父亲吴如胜保管并且修改了吴氏最早的宗谱。从亡命徽州到不断迁徙流离凡 600 多年，吴王夫差后裔吴征生这一支终于返回故土苏州，得以祭祀先祖，成为吴氏宗族历史上的重要里程碑。

三国时期，吴允承的一个孙子和两个孙女南下钱塘，长孙女嫁给县吏孙坚。这位吴芮后人的长孙女即是历史上赫赫有名的"吴国太"。《三国志·吴书·妃嫔传》载，"孙坚闻其才貌，欲娶之。吴氏亲戚嫌坚轻狡，将拒焉，坚甚惭恨。夫人谓亲戚曰：'何爱一女以取祸乎？如有不遇，命也。'于是遂许为婚，生四男一女……及权少年统业，夫人助治军国，甚有补益。建安七年，临薨，引见张昭等，属以后事，合葬高陵"。"吴国太"后被其子吴王孙权追谥为"武烈皇后"。

武烈皇后（？—公元 202 年或 207 年），吴氏，本吴郡吴县（今江苏省苏州市）人，后迁吴郡钱塘县（今浙江省杭州市）。吴辉之女，孙坚之妻，孙策、孙权生母，孙权统业早期的主要决策者之一。

根据《吴中人物志》关于吴主权母吴夫人的记载，武烈皇后生孙策时梦月入怀，生孙权时梦日。日月者，阴阳之精华，此二人乃极贵之兆。

图 9-2　吴国太武烈皇后

吴夫人家本吴中，徙钱塘。早失父母，孙坚闻其才貌而娶之。初，夫人孕而梦月入怀，而生策。及权在孕，又梦日入其怀，以告坚曰："昔妊策梦月，今也用梦日，何也？"坚曰："日月者，阴阳之精，极贵之象，吾子孙其兴乎？"策功曹魏腾以忤意见遣，将杀之。夫人向大井谓策曰："汝新造江南，方当优礼贤士，舍过录功，魏功曹在公尽规，汝今日杀之，则明日皆叛汝，吾不忍见祸之及，当先投此井中耳！"策大惊，遂释其罪。及权以少年统大业，夫人助治军国，甚有裨益。建安七年，临薨，引见张昭等，属以后事。黄龙元年，追尊为武烈皇后，合葬高陵。

由上述记载可知，吴夫人不仅是孙策的贤内助，还是孙吴政权的幕后英雄。这位吴夫人还远见卓识，高瞻远瞩，指点江山，可圈可点。非凡常之妇孺，孙吴之兴，吴夫人居功至伟。

吴大帝孙权（公元 182~252 年），字仲谋。吴郡富春县（今浙江省杭州市富阳

图 9-3 吴大帝孙权

区）人。三国时期孙吴的建立者（公元 229~252 年在位）。

孙权的父亲孙坚和兄长孙策，在东汉末年群雄割据中打下了江东基业。建安五年（公元 200 年），孙策遇刺身亡，孙权继之掌事，成为一方诸侯。建安十三年（公元 208 年），与刘备建立孙刘联盟，并于赤壁之战中击败曹操，奠定三国鼎立的基础。建安二十四年（公元 219 年），派吕蒙成功袭取刘备的荆州，使领土面积大大增加。

黄武元年（公元 222 年），孙权被魏文帝曹丕册封为吴王，建立吴国。同年，在夷陵之战中大败刘备。黄龙元年（公元 229 年），在武昌正式称帝，国号吴，不久后迁都建业。孙权称帝后，设置农官，实行屯田，设置郡县，并继续剿抚山越，促进了江南经济的发展。在此基础上，他又多次派人出海。黄龙二年（公元 230 年），孙权派卫温、诸葛直抵达夷州。根据后来考证，夷州应该就是今天的日本。

> 二年春正月，魏作合肥新城。诏立都讲祭酒，以教学诸子。遣将军卫温、诸葛直将甲士万人，浮海求夷洲及亶洲。亶洲在海中，长老传言：秦始皇帝遣方士徐福将童男童女数千人入海，求蓬莱神山及仙药，止此洲不

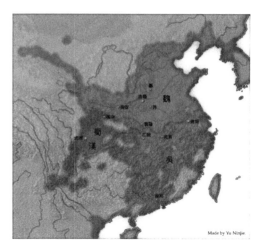

图 9-4　孙权建立吴国势力范围

还。世相承有数万家，其上人民。时有至会稽货布，会稽东县人海行，亦有遭风流移至亶洲者。所在绝远，卒不可得至，但得夷洲数千人还。

　　孙权晚年在继承人问题上反复无常，引致群下党争，朝局不稳。于神凤元年（公元 252 年）病逝，享年 71 岁，在位 24 年，谥号大皇帝，庙号太祖，葬于蒋陵。

　　孙权亦善书，唐代张怀瓘在《书估》中将其书法列为第三等。

　　孙权于黄龙元年（公元 229 年）登基，太元二年（公元 252 年）薨去，在位凡 23 年。孙权登基之后，立长子登为皇太子。孙登字子高，善于文人名士交往，赤乌四年（公元 241 年）孙登英年早逝，享年 33 岁。根据《新撰姓氏录》左京诸藩上身侠村主一族条记载，孙登后裔东渡日本后改姓身侠。身侠，又作"牟佐"，是大和国高市郡的地名，众多渡来人迁居于此，按照古代日本传统，以居住之地名取为姓氏。

　　散见于日本各种历史文献的身侠村主青、牟佐村主相模等。身侠村主青为雄略天皇时人，从单字名"青"来推测，当属早期孙登后裔移民。这位身侠村主青来自吴地，文笔公整，历史上多次代表当时的日本政府出使吴地，在日本于当时南朝的对外交往中，发挥中极其重要的角色。

　　《日本书纪》中有关身侠村主青的记载一共有五条，兹引录如下：

雄略天皇二年（公元 458 年）十月："置史部、河上舍人部。天皇以心为师，误杀人众。天下诽谤言，大恶天皇也。惟所爱宠，史部身侠村主青、桧隈民使博德等。"

雄略天皇八年（公元 464 年）二月："遣身侠村主青、桧隈民使博德使于吴国。"

雄略天皇十年（公元 466 年）九月："身侠村主青等，将吴所献二鹅，到于筑紫。"

雄略天皇十二年（公元 468 年）四月："身侠村主青与桧隈民使博德，出使于吴。"

雄略天皇十四年（公元 470 年）正月："身侠村主青等，共吴国使，将吴所献手末才伎、汉织、吴织以及女缝兄媛、弟媛等，泊于住吉津。"

身侠村主官居史部，那是执掌文书以及外事部门。根据前述日本古代历史，雄略天皇一般认为是倭王武。是否为倭王武，姑且不论，公元 5 世纪后期倭王多次向南朝朝贡请求封号。倭王武的上表文格调高雅，文采俊秀，根据日本学者坂本太郎等学者考证应当是出自身侠村主之手笔。

从上述《日本书纪》引证，身侠村主青 6 年之中往返日本和吴地两次，频次之高，交往层次和航海技术远远胜于后来的遣唐使节团。公元 5 世纪的东亚，倭王为了获得封号，获得政治上的正统认可以及南朝朝廷的支持，多次向南朝政权派出使节团。除了政治上的需要，获得南朝先进的手工业技术以及人才也是题中之义。

在这种大背景下，身村侠主一族无疑是顶尖的人才，获得倭王朝的重用宠爱也在情理之中。

第二节　山阴吴氏

　　纪氏作为日本古代最为辉煌的家族之一，在政治、文化上都取得了巨大的成就，与其独特的家族风尚有着密切的联系。日本家谱学会会长宝贺寿男在其家谱研究著作之一《纪氏·平群氏》中毫不吝惜地赞颂纪氏家族的文治武功。独特的尚武精神使得早期的纪氏一族在对外征伐、平叛内乱、治国理政等诸多方面成为前不见古人后不见来者的煌煌巨族，纪氏一族克绍其裘，优美门风脉脉传承，日本历史上的名门望族能望其项背者乏善可陈。

　　近人陈寅恪在谈到望族门风与学业的关系时说："夫士族之特点即是在于门风之优美，不同于凡庶族，而优美之门风，实基于学业之因袭。"我以为纪氏一族之所以不管身处何地建功立业无出其右，究其本源与中国历史上起于西周的古代大学有种极其重要的关系。关于大学（辟雍）我在第四章已经专门做了分析，在此不再赘述。

　　根据绍兴文理学院佘德余教授的研究，浙东山阴州山吴氏自明朝洪武初年发展至民国，历600多年，文武并举，文治武功交相辉映，灿若云霞。对山阴州山吴氏的研究为我们了解以泰伯为始祖的姬姓吴氏提供了一个极好的范本。

　　州山吴氏家族坚持庠序和尚武并重，在明清两代，州山吴氏文进士15人，武进士29人，文武举人97人，贡生83人，非科举出生的官宦、诗爷、企业家、学者人数众多。包括明万历朝蓟、辽、昌、保总督，兵部尚书吴兑，清康熙二十一年两广总督兵部尚书吴兴祚，崇祯朝翰林编修吴之芳，北镇抚司掌印、堂上金事吴孟明，北镇抚司理刑、堂上金事吴邦辅，南镇金书吴国辅，清乾隆年间翰林院学士、贵州学政吴寿昌，嘉庆年间内阁学士、工部侍郎吴杰，近现代著名金石家吴隐，企业家吴善庆，等等。

　　浙东绍兴，历史悠久，人杰地灵，无数世家大族在这片土地上繁衍生息。根据

《绍兴县志资料》氏族志结合各家谱牒，光相桥王氏、偁山章氏、白洋朱氏、吕府吕氏、梅山祁氏、峡山何氏、水澄刘氏、陶堰陶氏、白鱼潭张氏、状元坊张氏、富盛童氏、渔渡董氏、后马周氏、樊江商氏、贤庄金氏、张溇胡氏、南街姜氏、孙府孙氏等都是绍兴的名门望族。

州山吴氏家族的发迹与绍兴其他望族最大的不同之处，就是他们主要通过从军获得武功、荫袭，快速发迹。吴氏家族的武进士、将军、武官以及为国捐躯的忠义之士人数众多，其他望族无可企及。当然吴大斌、吴兑、吴执忠、吴兴祚等人的成就与其所处的社会环境和历史机遇有着莫大的关系。按照佘德余教授的说法，武将辈出除了庠序之风，是否和吴氏一族的身体素质以及家族性格有着莫大的关联呢？

家族文化是一定社会历史阶段的产物，具有存在的合理性和合法性。家族文化所蕴含的行为规范、道德伦理、价值观念必须置于宏大的历史长河中系统和辩证地研究。姬姓吴氏一族皆奉泰伯仲雍为始祖，追溯源头，乃是滥觞于周原的北方周族。

根据弘治七年（1494 年）吴便撰写的《山阴州山吴氏纂修族谱序》："吴其先本于后稷姬姓，十三世至太王，其子仲雍与兄泰伯让国与其弟季扎而受封于吴，因以国为氏。"又说："由汉返今千数百载，代有显人，屡遭兵革之变，谱牒散失，世次无所考证，是谱直断自所知，以七世祖润八公者为始祖，其远不可知，知而不能悉者咸缺焉，以彼传信也。"

道光十九年（1839 年）吴氏十三世孙吴国柱重修山阴州山吴氏族谱时，针对州山第一世系曾做了认真调查访问。根据他的《访查远祖世系记》记载："吾宗与无锡同出于泰伯第七十世之元三公，公生三子：曰彬、曰彪、曰伊。彬为吾宗本宗，彪为无锡本支，吾宗又十五传与姑苏分支。查世系，吾宗与姑苏同出于第八十五世之延悦公，公生四子：曰亮、曰奇、曰宣、曰亦。宣为姑苏本支，亦为吾宗本支，第八十六世远祖也，生二子曰钮、曰铨。铨先居萧山县长山；钮生一子，曰兹，兹以叔铨在长山而蹴居焉，入赘壶觞蔡氏，生二子，长曰涧，仍居长山；次曰润，居壶觞，即州山第一世润八公也，吾宗之本源如此。"

由此可见，州山吴氏先世次历历可据，泰伯为吴氏第一世，润八公为泰伯后裔无疑。山阴吴氏和衣冠东渡的纪氏同出一门，皆为泰伯之后。从二者的比较研究中，我们似乎可以发现二者在家族基因上诸多共通因素。

关于山阴州山吴氏，佘德余教授《山阴州山吴氏家族研究》一书论述详细，值得关注。

第三节　暹罗吴国

　　公元 1755 年，泰伯的第九十六世孙吴让被暹罗的统治者郑信王任命为宋卡（总督）城主。吴让是宋卡吴氏王国的第一任统治者。吴让在宋卡创建的吴国历八世，绵延 129 年。后来拉玛四世泰国国王赐予宋卡吴氏泰姓"素旺里奇"，素旺里奇如今已经是泰国的名门望族，他们的后代广泛地活跃在泰国社会各界，有的成为商界巨子，有的位极大臣，宋卡吴氏成为中泰移民交流史上的一段佳话。

　　根据历史记载，早在公元 13 和 14 世纪的暹罗素可泰朝代，中国人就开始从广东和福建两省移民到暹罗。那时的暹罗统治者郑信王（郑信大帝）是华人的第二代移民，因此他对于中国移民非常友好，制定了许多对于中国商人的优惠政策。

　　郑信生于 1734 年，卒于 1782 年，又名郑昭，生于泰国阿瑜陀耶城，是在泰国建立吞武里王朝的华裔，泰国名字叫达信。

　　郑信的父亲郑镛，潮州澄海县人（今汕头市澄海区人），清朝雍正年间航海来泰，后来在大城首都出任征收剧场与赌坊税小官，并跟一名称"燕子"傣族女孩子结婚，生一子，取名为郑信。不久郑镛去世，郑信为暹罗国大臣收为养子，接受泰国传统教育。长成后从政，官居甘碧府府尹，封爵为披耶，暹罗人称为披耶达信。

　　1763 年，缅甸军入侵暹罗，郑信率部防卫暹都。1767 年 4 月，缅军攻陷暹都，大城王朝灭亡。郑信以东南沿海地区为基地，组织抗缅军，光复大城，并迁都吞武里。当年 12 月 28 日被拥立为王，史称吞武里王朝。随后消灭各地割据势力，1770 年统一了暹罗全国，又多次对柬埔寨进行军事扩张。

　　1769 年，泰国历史上的吞武里王朝国王郑信王率领大军征讨洛坤城主联盟，洛坤城主乃息与其亲戚乃威迪闻风逃到北大年府。郑信王追到北大年，下令当地城主交出两人。北大年的统治者顺应郑信王意愿，交出了乃息和乃威迪。

　　1717 年，吴让出生在福建省漳州府海澄县山塘乡西兴村。1750 年，33 岁的吴

图 9-5　宋卡在泰国的地理位置　　　图 9-6　郑信王画像

让离开漳州下南洋，来到暹罗宋卡经商谋生。

聪明睿智的商人吴让听闻郑信王来到宋卡，便认为这是结交郑信王的好机会。他将自己的奴隶、50 箱红烟以及自己的所有财产贡献给郑信王，请求郑信王任命自己为四岛五岛的燕窝专采权税吏。郑信王收下 50 箱红烟，恩准了吴让的请求，任命吴让为金山财官（征税官），并且特许他从事燕窝采集业务，条件是白银五十斤，郑信王还下诏册封吴让为子爵。

1775 年，吴让子爵带了燕窝生意的收入和其他贵重礼品去觐见郑信王。郑信王十分欣赏吴让的一片赤诚之心，诏封他为宋卡城主，通称昭孟，亦作国主，于是吴让成为新的宋卡城主。

1782 年 4 月 7 日，郑信因近卫军发动政变被迫退位，昭批耶却克里将军率军从柬埔寨前线回归平叛即位，在登基第二天下令处死郑信。郑信死后，昭批耶却克里向宗主国清廷入贡，进表自称为信之子郑华。清廷信之，封为暹罗国王。

却克里王朝（曼谷王朝）的名字源于开国君主拉玛一世的名字。在位期间，加强中央集权，扩大国家版图。1785 年后数次击败缅甸的进攻，并征服马来半岛的吉打、北大年、丁加奴和吉兰丹等地。1805 年制定两部法典，立为国法。曼谷王朝初期，泰国边境得以巩固并开始重点建设曼谷地区。

泰国政府规定每年 12 月 28 日为郑王节。澄海县人民政府于 1985 年在上华镇华富村的乌鸦地修建了郑信衣冠冢。华富村郑氏宗祠门侧有一副对联：曾与帝王为手足，欣收天子作门生。这座老宅建于清雍正年间，门内两间三合土的房子已经破败，早已无人居住。郑信的父亲郑达就出生在这里。而郑信的衣冠墓则在村外一个池塘旁，被澄海市政府列为文物保护单位。

1998 年，泰国诗琳通公主专程来到这里拜谒郑信衣冠墓，并将一顶绢制皇冠送给当地政府，随同的泰国华侨还赠送了一尊郑皇骑马铜像，仿曼谷吞武里广场上的巨型郑皇铜像制成。

图 9-7　宋卡国家博物馆（原宋卡王府，始建于宋卡吴氏第六任城主吴绵时期，为当时宋卡统治者官邸）
宋卡原名沙庭城，建于素可泰王朝前的千年古城，曾于大城王朝时代宣布独立，后被敉平而隶于洛坤城。郑王大帝时，被升为一等城，直辖于曼谷。

拉玛五世时代，采用道省制，将博他仑、宋卡归入洛坤道省（Monthon Nakhon Si Thammarat）的管辖，至1933年泰国取消省制为止，宋卡才成为府治。中世纪的海盗以此为据点，海上贸易繁忙，是通向新加坡和马来西亚的南大门。宋卡（ChangwatSongkhla）在马来语中被称作"星若拉"（Singgora），位于狭长的马来半岛中部东海岸宋卡湖口。它是马来人建立的古城，历史上曾是中国—泰国和中国—马来亚重要贸易口岸，是橡胶和锡的主要集散地，又是橡胶、椰干、锡、燕窝等的出口港。

宋卡当时是暹罗的第二大城市，包括今天泰国的北大年、陶公、也拉来，以及今天马来西亚的吉兰丹、丁加奴、吉打和玻璃市四个州。拉玛一世登基之后，撤销了洛坤城主乃息的爵位，转而任命自己信任的乃息女婿乃柏继承爵位。宋卡城主吴让除了一方面宣誓效忠新王朝外，尽一切努力规避和洛坤城主之间的矛盾。拉玛一世十分欣赏吴让，上上下下一致认为吴让值得信赖值得托付。拉玛王朝晋升吴让为侯爵，爵号丕雅素旺奇里颂木。

1784年，吴让侯爵去世，享年68岁，随后被安葬在廉松村的磨底山麓。

吴让去世后，拉玛一世又任命吴让的长子吴文辉为宋卡城主，昭封吴文辉为子爵。

1785年，拉玛一世命令吴文辉建造30艘战船，用来保卫曼谷。这些战船非常宏大，有18米长、4米宽。拉玛国王还派出自己弟弟蒙空亲王前来宋卡监督造船。

1786年，缅甸和暹罗之间发生了一场战争。缅甸国王巴东率领九支大军向暹罗挑战，这就是暹罗历史上的"九军战争"。

拉玛一世命令蒙空亲王收复被缅甸军队占领的洛坤府。蒙空亲王收复洛坤后，中途驻留在宋卡。那个时候原宋卡侯爵乃息儿子坤龙拉乍蒙里从宋卡城主吴文辉子爵那里篡夺了城主权位，蒙空亲王亲自处决了乃息的儿子。

蒙空亲王和吴文辉一起率领军队征服了反叛的北大年，俘获了北大年的统治者。蒙空亲王带着吴文辉和吴家一部分人去拉玛国王面前比武受封。拉玛一世晋升吴文辉为侯爵，爵号和其父亲吴让一样称丕雅素旺奇里颂木。同时吴文辉二弟吴文耀昭封为宋卡副城主兼乍那城主，吴文臣和吴志生为宋卡副城主。

1788年，吴文耀在乍那去世。吴文辉由于没有子嗣，于是过继了吴文耀的三个儿子：吴志从、吴志生、吴志来。

从吴让开始到第八代吴氏宋卡王朝绵延八代，八位城主（总督）的中文名以及生卒年份、泰文名、爵位整理如下。

表9-1　吴氏宋卡王朝年历表

序号	中文名	泰文名	世系	爵位
1	吴让（吴士侃）（1717~1784）	YiangSaiHao		侯爵 丕雅素旺奇里颂木
2	吴文辉（1745~1811）	Boonhui	吴让长子	公爵 昭丕雅碧猜奇里
3	吴志从（1775~1817）	Thienjong（天钟）	吴文耀长子	侯爵 丕雅威色博地
4	吴志生（1777~1847）	Thienseng（天生）	吴文耀二子	侯爵 丕雅威迁奇里
5	吴志仁（1797~1865）	Boonsang（文爽）	吴让三子吴文臣的长子	公爵 昭丕雅威迁奇里
6	吴绵（1815~1884）	Men（绵）	吴志从的三子	公爵 昭丕雅威迁奇里
7	吴宠（？ ~1888）	Chum（乃宠）	吴文爽的长子	侯爵 丕雅威迁奇里
8	吴登篯（1854~1904）	Chom（乃参）	吴绵的长孙	侯爵 丕雅威迁奇里

16世纪中叶至19世纪初泰国与缅甸之间为兼并土地、掠夺劳动力和取得中南半岛政治经济优势而进行了长期战争。期间双方都动用了大批战象，成为战争史上一大奇观。

泰缅战争可分为三个阶段。

第一阶段（1548~1592）缅甸进攻；

第二阶段（1593~1664）泰国反攻；

第三阶段（1759~1810）缅甸大举进攻，在泰国的英勇反击下，最终战败。

清朝乾隆年间的1750年吴让下南洋来到暹罗正处于泰缅战争第三阶段前夕。

一般认为1752年缅甸雍籍牙王朝兴起到缅甸沦为英国殖民地为第三个阶段。

吴氏宋卡王朝的时间基本上和泰缅战争的第三阶段重合。

1752年，缅甸雍籍牙王朝兴起，不断向外扩张领土。

1759年，缅王雍籍牙率兵侵入泰国，次年包围阿瑜陀耶城。旋因缅王突然死去而退兵。

1764年，缅王孟驳进占泰国北部，次年发动全面进攻。

1767年4月，在围攻一年两个月之后，缅军攻陷阿瑜陀耶城，掠走大批居民及财物，并将该城付之一炬。

1767 年底，泰军将领达信率军反攻，逐走缅军，恢复了泰国的独立。

1768~1785 年，泰缅多次交战，泰国渐次收复北部的清迈和南部马来半岛一带的领土，缅甸则夺回土瓦、丹那沙林一带。

1785 年，双方主力决战于泰国南部的北碧（干乍那武里），缅军大败。以后，战争逐渐演变成局部的边境冲突，其影响和范围日益缩小。

1824 年，第一次英缅战争爆发后，缅甸开始沦为殖民地，泰缅战争遂告终。

吴让是长沙王吴芮的后代。吴让所在宋卡地理位置十分重要，泰缅战争期间，宋卡吴氏一族带领宋卡军民多次击退缅甸人的入侵，吴文辉公爵、吴志从侯爵、吴志生侯爵等都是宋卡历史上战功赫赫的宋卡英雄。

从第一代的吴让侯爵开始，宋卡吴氏不断卷入暹罗国内各方势力的混战之中；同时泰缅战争期间，吴氏一族战功卓著，英才辈出，成为泰国王室倚重的地方簪缨；八世之后的吴氏子孙活跃于泰国社会各界，群星璀璨，光彩夺目。

我们选取中国、泰国、日本三地姬氏不同家族做比较研究发现，纵观泰伯后裔，落脚之处，往往能够中行独复，包荒冯河，开天辟地，建立前无古人后无来者之伟业。细细推敲伟业之轨迹，似乎姬氏家族杰出基因所造就。恰如汗血宝马，无论散落何处必当日驰千里，成为社稷桢干，国之良辅。

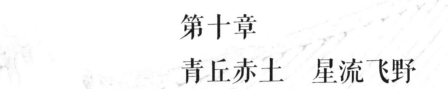

第十章
青丘赤土　星流飞野

第一节　野马台诗

预言日本历史的南朝谶纬诗《野马台诗》，大约流行于日本的平安时代至室町时代，作者不详。根据东大寺戒坛院所藏《野马台缘起》大永二年（1522 年）刊印本，全诗如下：

始定壤天本宗初功元建
終臣君周枝祖興治法主
谷孫走生羽祭成終事衡
填田魚膾翔世代天工翼
孫枝動戈葛百國氏右輔
昌微中干後東海姬司爲
白失水寄故空爲遂國喧
龍游窖級城土茫茫中鼓
牛喰食人黃赤與丘青鐘
腸鼠黑代鷄流畢竭猿外
丹盡後在三王英稱犬野
水流天命公百雄星流飛

公元 751 年，日本向唐朝派遣第十次遣唐使团，作为副使的吉备真备再次踏上了大唐的国土。吉备真备初次负笈长安时二十来岁，风华正茂，意气风发。此次来唐他身为副使，却已是过了知天命之年。在面见唐玄宗的过程中，玄宗为了考教他的汉语功力，叫人拿来一首打乱次序的诗句要吉备真备捋顺并读出来。吉备情急之下，只好闭目祈祷本国寺院的观音菩萨，这时，从梁上掉下一只蜘蛛沿着诗句来回游走，在蛛丝缠绕之下，吉备真备顺利读出了这首诗，受到了唐玄宗的赞赏，而这诗便是《野马台诗》。而后，吉备携诗返回日本（鉴真大师也是随这次遣唐使团去的日本）。

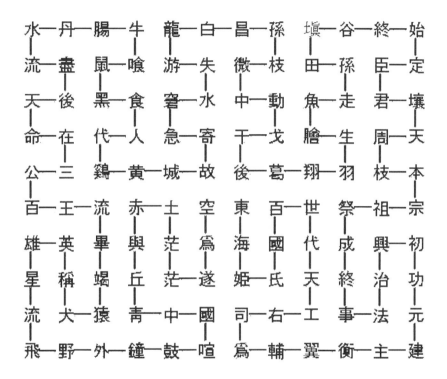

关于上述史实，成于平安时代的《江谈抄》记载如下："中古圣武皇帝朝，吉备公入唐，唐人以其本国之谶出野马台诗，使之读为试其知力，文字交错乎直不书之，非神助则不可读之。于是吉备公默然祈佛天及本国之神祇，俄而有蜘蛛随其纸上，渐步曳丝遂认其迹，读之不谬一字。唐人称美之。"

《日本汉诗选》中的《邪马台诗》是根据原文重新整理之后才易于诵读，兹摘录如下：

东海姬氏国

百世代天工

右司为辅翼

衡主建元功

初兴治法事

终成祭祖宗

本枝周天壤

君臣定始终

谷填田孙走

鱼脍生羽翔

葛后干戈动

中微子孙昌

白龙游失水

窘急寄故城

黄鸡代人食

黑鼠食牛肠

丹水流尽后

天命在三公

百王流毕竭

猿犬称英雄

星流飞野外

钟鼓喧国中

青丘与赤土

茫茫遂为空

第一次见到《野马台诗》的吉备，当然不知从何开始着手。即使根据蜘蛛吐丝提供的顺序和脉络，日本的汉学大家和研究者没有人能够明白这首诗要表达什么意思。后世有一些学者试图解读此诗，可惜日本学术界至今无人能用自己解读的内容说服世人。

虽然他们当中有很多人历史学识深厚，但是由于长期受《日本书纪》等伪历史学说的荼毒，没有人可以完全理解这首汉诗。这首诗抒发的正是"东海姬氏国"这一段伟大历史的赞歌。

九州历史研究会内仓武久先生毕生都在探寻姬（纪）氏的历史，对于汉诗并不是专家。20多年前，当友人第一次问他"这首奇特的汉诗，你知道吗？"，虽然内仓先生也试图解读，可是完全不入其门，困惑至极。20年后，借助对姬（纪）氏历史的呕心研究，内仓先生重读这首奇绝千古的汉诗，豁然开朗，如醍醐灌顶，《野马台诗》全然是姬（纪）氏一族在日本的历史总结。

通过短句和比喻将姬（纪）氏在日本古代历史上的重大事件以及姬（纪）氏一族势力的兴衰，非常形象地描述了出来，不愧是一首姬（纪）氏伟大的挽歌。下面是我对这首汉诗的具体解读。

东海之中，有姬氏国。

历经百世，可谓天命。（百世之前，日本列岛并无国家）

左右臣工，辅佐国政。（右司泛指辅佐君王的文臣武将）

河山有主，开元伟业。（衡代指山川土地）

制定法度，治理国家。

社稷初立，奉祭先祖。

姬氏一族，稳固天地。（本枝代指姬氏族人）

君臣一心，体制永续。

平谷造田，其乐融融。（一家人载歌载舞，安居乐业）

鱼脍鱼脍，变身凤凰。（形容人民生活富足过着美好的生活）

葛子之后，大动干戈。（葛子是磐井的儿子，磐井之乱后，日本战乱不断，倭王朝覆灭）

姬氏子孙，四散逃逸。（磐井之乱后，纪氏一族隐姓埋名，四处逃逸。微乃是隐蔽意思）

隐姓埋名，以图再起。

白龙鱼服，潜归故土。（王族隐身市井，潜遁故土，白龙一般指贵人）

鸡食人食，无人制止。（礼崩乐坏，世风日下，此典故同狗彘食人而不知检）

牛鼠一家，互相残杀。（暗指和姬氏一族政治联姻的袁氏家族背叛，继体天皇为袁姓）

忠贞家国，消失殆尽。（所谓丹水流尽）

姬氏百王，灰飞烟灭。（姬（纪）氏一族遭到流放和杀戮）

姬氏失势，猿犬夺权。（继体天皇姓袁，奉祖先为犬，袁改为"猿"乃是故意贬低。姬（纪）氏如流星般彻底消失在星野，在庆祝胜利的钟鼓喧嚣中，姬（纪）氏从此再无辉煌）

由此可见，本诗的作者会是谁？姬（纪）氏在应天门之变（公元 866 年）被藤原氏打败，残存的政治势力从此完全被消灭。

之后的纪氏一族诞生了文学大家纪贯之，纪贯之因为《土佐日记》留名日本文坛。

这首抒写"东海姬氏国"挽歌平仄工整，立意高远，隐讳地抒发对于先祖的缅怀。如此文笔的汉诗当是姬（纪）氏的后人。这位作者才华横溢，历史和汉学功底深厚。

如果直接抒怀，在藤原家族统治的时代不为所容，于是用这种巧妙的形态留下了这首千古绝唱。它绝不是外国的僧人写的诗，也绝不是镰仓时代的南北朝诗，吉备真备的传说一定是后人的杜撰。

第二节　九州王朝

　　长期以来，日本学术界存在"九州王朝说"和"畿内说"两种截然对立的历史主张。"九州王朝说"由已故日本著名学者古田武彦首倡，该学说认为，一直到公元 7 世纪，代表日本的王朝是九州王朝，九州王朝的首都在今天的太宰府。所谓"倭国"就是代指今天的九州，从邪马台国到公元 5 世纪的倭五王时代，日本统治中枢一直在九州。天智三年（公元 663 年）白村江之战后，九州王朝覆灭。

　　而"畿内说"则坚持认为，日本的天皇"万世一系"，日本的统治中枢一直没有离开过古代五畿之一的畿内区域。"畿内说"是日本正统的主流学说。

　　倡导"九州王朝"学说的主要论据和主张如下。

　　1. 从公元前到公元 7 世纪末，代表日本列岛的政权是九州的倭。九州称呼源于中国，本意为天子直接管辖的领地，丰前、丰后、筑前、筑后、肥前、肥后、日向、大隅、萨摩 9 个国家构成日本的九州。

　　2. 博多湾的志贺岛发现的金印也证明倭国在九州，首都在博多湾附近。中国正史亦有记载，公元 1 世纪倭国已经建立，倭国派遣使臣出使汉，除授"汉倭奴国王"金印。

　　3. 倭五王是九州倭国的大王，倭五王时期，代表倭王朝多次向中原朝廷朝贡并获得册封，这些中国的历代正史记载翔实证据确凿。

　　4. 九州年号的运用，是日本历史上首次采用独立的年号。

　　5. 九州太宰府，"太宰"本来是宰相（总理大臣）的意思，太宰府自然就是宰相执政所在，九州的首都在太宰府无疑，太宰府的形制和建筑也证明太宰府是天子的府第。

　　6. 朝鲜《三国史记》，中国东北发掘的《好太王碑》《三国遗事》等众多证据表明，从公元 366 年到白村江之战（公元 663 年）的约 300 年间，以约 4 年 1 次的

图 10-1 金印公园

图 10-2 太宰府遗址

东海姬氏国
泰伯后裔衣冠东渡的故事

频率，倭国对朝鲜半岛用兵。但是在畿内地区至今没有发现任何可以证明出兵朝鲜的证据和痕迹，所以当时的朝廷不可能在畿内。

7.《古事记》和《日本书纪》对于遣唐使以前的倭国与中原朝廷的外交交往没有任何记载，畿内朝廷建立之后对于和隋唐的交往礼仪、典章制度似乎非常陌生。畿内建立的朝廷外交水准明显和九州王朝时期有着巨大差异。

8. 后来畿内建立的朝廷派出的遣唐使航海技术拙劣，航海成功概率不到50%。九州王朝航海技术娴熟，长期在海上作战、对外征讨，比较起来，畿内朝廷明显和九州王朝不是同一体系。

9. 福冈县八女市现存的岩户山古坟为磐井之墓，所谓"磐井之乱"符合历史事实，并非捏造，磐井是倭国的天皇无疑，岩户山古坟的形制（石人石马）也间接证明了这一点。

10. 福冈县古贺市发掘的高级金铜制装饰马具为新罗国赠送给倭国王的礼物，倭王在九州不在畿内。

11. 福冈县久留米市的高良大社，祭神高良玉垂命据说就是武内宿祢，武内宿祢的子孙姓名多以高良大社附近的地名命名。

图 10-3 福冈县岩户山古坟

高良大社保有神器、宝珠和七支刀等。

高良大社的神职有丹波、物部、安云部、草壁、百济五姓。

12. 汉文化圈为了宣扬王朝的统治正统，一般会编纂前朝的正史，但是《古事记》和《日本书纪》成于公元 8 世纪初，畿内朝廷诞生时间应该是公元 7 世纪末。

13. 公元 8 世纪日本历史上政变和谋反极为频繁，大和政权初建，根基极为脆弱。

14. 奈良正仓院的国宝几乎全部都是天平 10 年（公元 738 年）由九州筑后的正仓院所贡献，可见先有九州王朝后才有畿内朝廷。

15. 2004 年秋天陕西西安西北大学发现了遣唐使"井真成"的墓志。井真成死后被追谥为"尚衣奉御"，乃是皇帝衣服管理部门，一介留学生如何获得此殊荣，实在令人费解，唯一的可能此人乃是皇族。井真成死后，报告给当时唐朝皇帝，丧葬费用由唐朝政府负担，这种待遇只有三等以上外交使节才享有。

井姓分布在今天九州的熊本县很小的一些区域，据说古音和倭相通。

除上述论据以外，证明公元 7 世纪之前日本政治中枢在九州的论据还有很多，在此不再一一列举。

《松野连家谱》虽然内容上有很多地方有明显错误之处，却惊人地将九州王朝的历史和松野连家族的家谱完美地结合在一起，这绝不是后人的附会，也不是一种历史偶然，它恰恰成为九州王朝最好的注脚之一。

图 10-4　奈良正仓院

第三节　吴乐吴服

《日本书纪》推古天皇20年（公元612年）记载，百济出身的归化人味摩之，在江南的吴地学习伎乐舞，回到日本之后，在奈良的樱井召集一群少年传授伎乐舞。关于伎乐舞更早的记载则是来自《新撰姓氏录》，天国排开广庭天皇治世（公元540~571年）和药使主将伎乐舞道具一套带到日本。

伎乐舞据说是发祥于中亚，后经过丝绸之路传入江南，在江南集大成之后，从中国江南的吴地传入日本。这种音乐舞台剧表演时使用伎乐舞面具，对于日本的能乐也有巨大的影响。

根据《西大寺资财流记帐》记载，伎乐使用14种23具面具，面具使用有严格的登台顺序，依序如下：

1. 治道
2. 狮子
3. 狮子儿（2具）
4. 吴公
5. 金刚
6. 迦楼罗
7. 吴女
8. 昆仑
9. 力士
10. 婆罗门
11. 太孤父
12. 太孤儿（2具）
13. 醉胡王

14.醉胡从（8具）

伎乐舞虽然从中国的江南传到日本，中国的本土却没有任何遗存。但是日本完整地保存并传承了伎乐舞以及伎乐舞面具造型工艺，伎乐舞面具现分别保藏于正仓院、东大寺以及东京国立博物馆。笔者有幸在东京国立博物馆参访时，亲眼见到过这些被日本奉为国宝的面具。每一具都造型独特，所对应的人物特点刻画鲜明，异域风情浓厚。

伎乐舞的表演形式和故事情节，现已无从考证，但是日本古代因为这种艺术形式起源于江南的吴地，也把伎乐称为吴乐。我们仔细考察这位和药使主，除了吴乐面具，他还将当时中国的内外典、药书、明堂图等164卷以及佛像一尊带到日本。《新撰姓氏录·左右京诸藩》说"和药使主出自吴国主照渊孙智聪"，于天国排开广庭天皇治世（公元540~571年）入朝。

根据时间对比，当时的吴国主应当是南朝梁帝萧衍。"照渊"和"萧衍"吴音发音相近，虽有些牵强，倒也可算一说。智聪是何许人，现已无从考证，但是从其携带文献和掌握的才学来看，绝非世俗子弟。智聪来到日本后，其后裔亦有明确记载。

 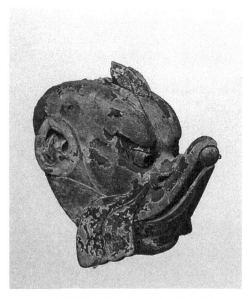

图10-5　伎乐面醉胡从（东京国立博物馆藏）　　图10-6　伎乐面迦楼罗（东京国立博物馆藏）

孝德天皇治世（公元645~654年），也就是智聪东渡日本百年之后，其后裔善那使主向孝德天皇进献牛奶，孝德天皇感念其功，特赐予"和药使主"之姓。制造牛奶在当时的日本估计也算是尖端技术，但是此时牛奶与其说是日常饮品还不如说是一贴珍稀良药。

和药使主一族以医术为当时的日本朝廷所重用，到了平安时代，其后裔逐渐从医转入其他领域，家族医术传承断绝。值得注意的是，伎乐舞也由于种种原因，到了平安时代开始日趋衰退。

对于日本能乐有巨大影响的伎乐舞，虽然在今天没有像能乐那样受到追捧，但是却也坚韧地在日本得到传承。大阪四天王寺圣灵会尚保留着传统的伎乐，其中伎乐舞曲《狮子舞》在日本民间极为盛行，由《狮子舞》发展出来众多日本地方民间舞蹈，成为日本脍炙人口的经典曲目。

伎乐舞在日本的生生不息，绝对是世界文明的一大幸事。

研究古代中国与东亚诸国文明交流，窃以为服饰和稻米是重要的两条线索。前面章节我多次谈到日本蚕桑技术的发展源流以及近年来日本考古和古代历史学界断定日本纺织手工业在公元前5世纪之前可能已经达到相当高水准。

《三国志·吴书》记载，黄龙二年（公元230年），徐福后裔从东海夷洲及亶洲来到会稽"货布"。

> 二年春正月，魏作合肥新城。诏立都讲祭酒，以教学诸子。遣将军卫温、诸葛直将甲士万人，浮海求夷洲及亶洲。亶洲在海中，长老传言：秦始皇帝遣方士徐福将童男童女数千人入海，求蓬莱神山及仙药，止此洲不还。世相承有数万家，其上人民。时有至会稽货布，会稽东县人海行，亦有遭风流移至亶洲者。所在绝远，卒不可得至，但得夷洲数千人还。

《后汉书·东夷列传·倭》亦有类似记载，徐福子孙"时至会稽市"，与浙东一带有着密切的贸易往来。"会稽东冶县人有入海行遭风，流移至澶洲者"，可见浙东和东海之中的夷洲及亶洲必有天然海上通路。

> 会稽海外有东鳀人，分为二十余国。又有夷洲及澶洲。传言秦始皇遣方士徐福将童男女数千人入海，求蓬莱神仙不得，徐福畏诛不敢还，遂止

此洲，世世相承，有数万家。人民时至会稽市。会稽东冶县人有入海行遭风，流移至澶洲者。所在绝远，不可往来。

2019年5月，日本国立科学博物馆和我国台湾史前文化博物馆共同策划了"再现3万年前的航海"项目。该项目使用原始巨大圆木制作丸木舟，完全依靠五人人力划桨从我国台湾东海岸两次实现了顺利抵达日本与那国岛的预定计划，这也证明古代先民完全有可能借助黑潮实现远洋航海，到达今天我们认为无法企及的地方。

既然从中国江南到日本有着天然的海上通道，那么贸易的主要品目是什么呢？"货布"为我们提供了最好的注解。

《三国志·魏书》明确记载景初二年（公元238年）开始，卑弥呼向中原朝廷进贡斑布、倭锦、绛青、锦衣、帛布、异纹杂锦等，考虑到建武中元二年（公元57年）倭奴国遣使来到东汉洛阳朝贡，中日两国官方纺织品的授受交往可能早在公元1世纪已经开始。

结合相关的研究文献，虽然说法有待统一，纺织品品目内容归纳如下。

斑布：苎麻织造的彩色布帛。

图10-7　古代日本的丸木舟

图 10-8　日本出土的古代壁画上的和服

倭锦：蚕丝织就绢布。

绛青：一种紫色丝织品。

帛布：一般丝织品。

异纹杂锦：纹路比较复杂的一种装饰丝质品。

　　今日我们已经无法窥见彼时倭国的纺织手工业技术水平，但是既然作为国礼奉上，自然是得意之作品和工艺集大成的结晶。

　　《日本书纪》应神天皇条记载，日本曾向中国请求传授纺织工艺，结果来自吴地的四位纺织女工兄媛、弟媛、吴织、穴织东渡日本传授技艺。"吴"一般认为是今天的江苏南部和浙江东部，自此，日本人把他们制作的服装称为"吴服"，后来吴服因音近演化成"和"服。

　　公元 385 年 9 月 18 日，在日本被奉为"吴服大神"的吴织去世，据说她在日

图 10-9　位于大阪府池田市的吴服神社

本生活了 139 年。她的遗体被安放在伊居太神社的梅室，吴织留下的遗物三面神镜收藏于同一神社的姬室。次年，仁德天皇（公元 314~399 年）下诏救令建造吴服神社，以示纪念，日本人民对于吴织她们的功绩永远感念于心。

吴越地区是世界上养蚕缫丝的发源地，早在公元前 5 世纪，吴越之地的先民移居日本，带去了吴越之地发达的蚕桑种植和纺织技术。经过几百年的缓慢发展，日本逐渐构筑了自己独具特色的纺织工艺体系并且将纺织品商业化，成为日本古代早期对华贸易的主要品目。

公元 2 世纪开始，姬（纪）氏卑弥呼一族重视加强和中国的交流，主动引进和吸收来自中国吴地的纺织技术工人。

卑弥呼之后，日本人将"贯头衣"根据实际情况进行改造，原来的小袖由内衣变为外装，袖筒变短变长，腰带变窄变宽，花纹图案不断推陈出新，染织工艺日益绚丽夺目。从此日本的和服在世界的服装历史上大放异彩。

"贯头衣"是弥生时代日本女性的主要服饰，至今为止，东南亚众多少数民族仍然着"贯头衣"，如中国的傣族，泰国和缅甸的克伦邦族以及佤族中的拉瓦人。日本人类文化学者乌越宪三郎坚持认为，日本的和服起源于中国，这种起源于中国的"贯头衣"来到日本后，经过文化融合发展，成就了日本和服。

《汉书·地理志》汉武帝元封三年（公元前 110 年）条有关海南黎族的记载曰：

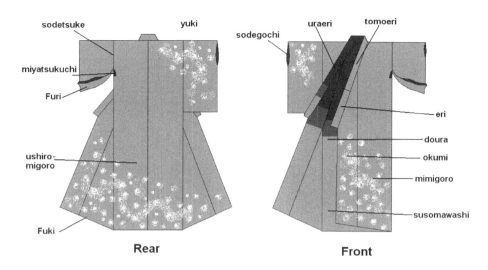

图 10-10   日本传统吴服

"民皆服布如单被，穿中央为贯头。"《梁书·扶南国传》亦云"妇人著贯头"，由此可见古代柬埔寨妇女也着贯头衣。

贯头衣是用窄幅布对合而成，头部空出不缝，是古代中国长江流域倭族妇女的家常服饰。这一点和《三国志·魏书·乌丸鲜卑东夷传·倭人》描述卑弥呼治下的倭国服装如出一辙。

古代日本在吸收了中国蚕桑纺织技术的同时，也将中国古代的服饰文化兼收并蓄。难能可贵的是日本虽然已经步入发达的工业文明社会，但是始终保持优良的传统文化。我们在惊叹日本美轮美奂的传统吴服时，也应该深刻提醒自己，我们应该重新拾回中华美好传统，美美与共。

附录1 《松野连家谱》日本国会图书馆藏本

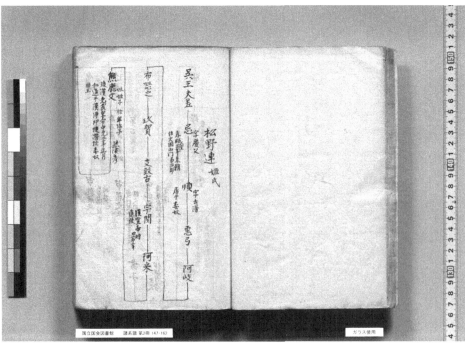

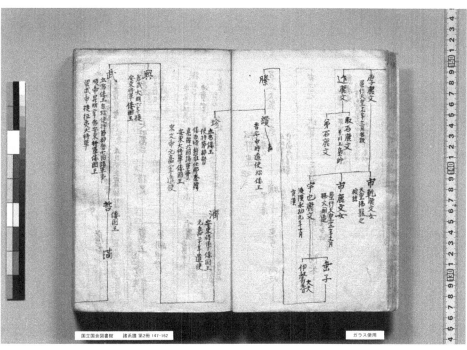

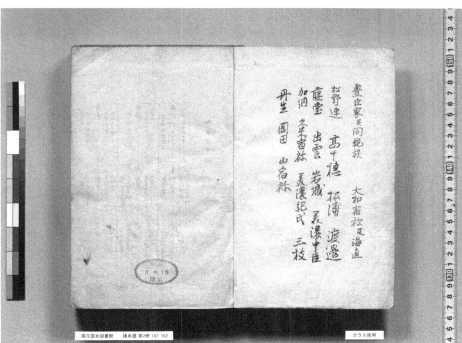

附录 1

《松野连家谱》日本国会图书馆藏本

213

附录 2 《松野连家谱》日本东京静嘉堂文库藏本

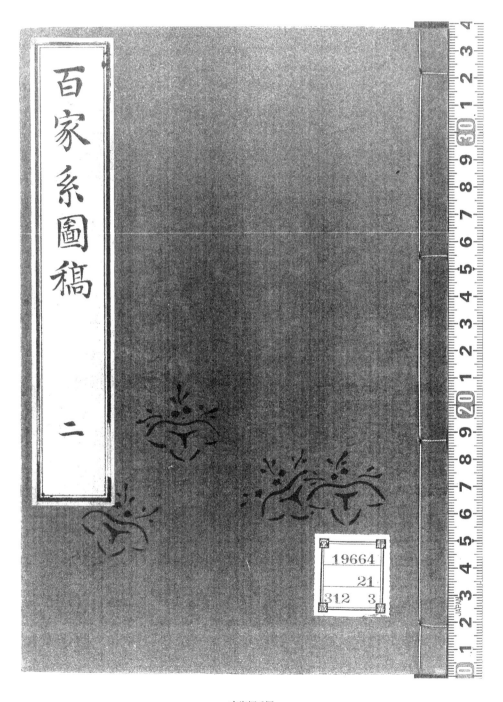

百家系圖稿

二

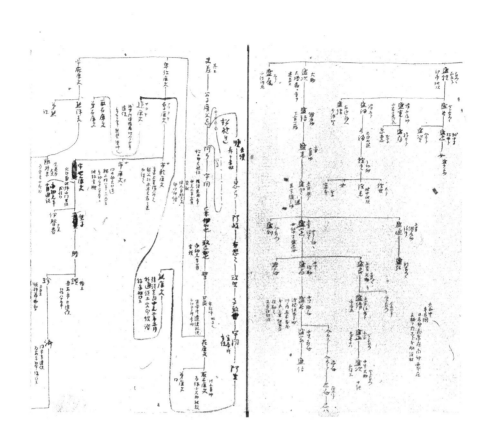

附录 2
《松野连家谱》日本东京静嘉堂文库藏本

215

附录 3 《高良家谱》

系
圖

高良家系本家有之候微損古曰
不詳武内宿祢孫紀姓是也然禁
内發橋守仍為姓言傳也正本家
筑後國武内宿祢也
一先祖米王丸禁裏ニ吹候笛一管
有嫡家格護候歟

跋

2019 年 4 月的时候，吴本立教授找到我，希望我协助他一起整理泰伯后裔东渡日本后的相关史料，他强烈希望可以找到泰伯（姬姓）后裔在日本的下落。吴本立教授是泰伯第 108 世孙，已是耄耋之年，却是老当益壮，精神矍铄。我们晤面之后，才知道他在退休后已经花了近 10 年的时间，专注于调查和整理泰伯后裔在海外的宗脉传承。这些调查整理的结晶之一——《绵延的血脉——华夏吴国和暹罗吴国的故事》于 2018 年中英文版在全球出版发行。

华夏谱牒文化历史渊源可以追溯至商周，同姓同族人之间最大的一件事情莫过于修立宗谱。涵盖中国、朝鲜半岛、日本、越南等国的东亚文化圈，自古以来慕华氛围浓重，谱牒文化亦在这些国家深深植根。2019 年 5 月开始，我多次前往日本调阅历史文献，拜会日本古代历史研究的专门学者，实地采访了多位姬氏后裔。在这些实地调查和交流的过程中，众多鲜为人知的史实不断地展现于我们面前，这些史实颠覆了我们对于东亚文明的基本认知，重构了所谓"正史"的骨架。兹有感于责任重大，虽然诚惶诚恐，我决心将我的所见所闻记录下来，让更多的人去了解这一段激动人心的往事。

距今约 3000 年，中国的长江流域出现了吴国。吴是周朝的皇子泰伯和弟弟虞仲创建的国家。从泰伯到夫差，吴国绵延 25 代。公元前 473 年吴被越国打败，吴国灭亡。吴王夫差的后人历经艰险，有的逃亡到东南亚，有的辗转来到现在的日本列岛开辟新天地。

夫差的后裔们发挥他们卓越的才干，在世界的很多地方开天辟地崭露头角。虽然在开拓的岁月筚路蓝缕，但是他们中的一支来到现在的日本列岛之后创建了被称为"东海姬氏国"的九州王朝。从公元 2 世纪到 5 世纪末一直统治了日本 300 多年。

2020年1月开始提笔，大约花了5个月的时间，基本完成了共计十章的初稿。每一章写完之后，日本九州古代史研究会的内仓武久会长、日本多元的古代研究会、江苏省无锡市吴文化研究会会长吴仁山先生、江苏省苏州市吴氏文化研究会顾问吴本立教授、江苏省苏州市吴氏文化研究会吴念博先生都提出了大量宝贵的意见和建议。为了瞻仰《松野连家谱》的真迹，日本静嘉堂文库的成沢麻子研究员、日本东京国会图书馆西坂久和社长给我们提供了莫大的帮助，在此谨表谢意致敬。

　　我永远无法忘怀2019年8月在日本九州地区拜会姬（纪）氏后裔的那一段经历。在熊本县菊池市，日本全国邪马台国联络协议会理事中原英先生冒着酷暑驾车载着我和吴本立教授沿着当年夫差后裔公子忌登陆日本的轨迹，踏访菊池河流域，参观已故日本前参议院议长松野鹤平官邸，松野神社的宫司为我们口述了很多松野家族的有趣往事。在鹿儿岛县南九州市，太宰府地名研究会的古川清久先生全天导游，南部九州的著名乡土历史研究学者青屋昌兴先生、纪氏后裔高良酒造株式会社高良武信社长热情接待我们，当高良社长拿出泛黄的《高良家谱》时，我和吴立本教授热泪盈眶，梯山航海几崎岖，宗脉绵延，生生不息，异国他乡，恍若故人邂逅，千言万语化作热情的拥抱。

　　原朝日新闻社记者、现任大东文化大学社会学部特任教授野岛刚先生得知我们来到日本寻访泰伯后裔时热情接待，为我们提供了大量宝贵的文物照片。在东京出差期间，日本多元的古代研究会安藤会长、和田事务局长、清水淹先生不仅热情宴请我们，还提供了许多极其有价值的文献资料，为我们的研究指明了方向。借此机会，我向诸位前辈学者致以崇高的敬意。

　　我不得不再一次提到日本九州古代史研究会的内仓武久会长，在他的鼓舞和大力支持下，我勇敢地下定决心抒写姬氏一族衣冠东渡后这段激动人心的历史。

　　北京团结出版社的夏明亮主任，人民美术出版社的张百军博士为本书的出版和发行倾注了大量心血，在此我一并衷心地感谢他们。另外，江苏苏州的郭国辉先生、晏建国先生、吴异先生也为本书的出版提供了很多宝贵的意见及建议。

　　最后，对于支持和鼓励我的家人，我要致以我最崇高的感恩，没有你们的支持和鼓励，我将没有时间和办法埋首故纸堆中，抒写这一段鲜为人知的历史。

田晶

2020年7月　于苏州秦余杭山麓

跋

参考文献

一、日本方面专著

1.［日］佐藤洋一郎：《DNA が語る稲作文明》日本放送出版協会 1996 年版

2.［日］布目順郎：《絹の東伝》小学館 1988 年版

3.［日］長野正孝：《古代史の謎は海路で解ける》PHP 研究所 2015 年版

4.［日］芳賀寿男：《紀氏・平群氏》青垣出版 2017 年版

5.［日］日根輝巳：《謎の画像鏡と紀氏》燃焼社 1992 年版

6.［日］日根輝巳：《紀氏は大王だった》燃焼社 1996 年版

7.［日］内倉武久：《謎の巨大氏族・紀氏》三一书房 1996 年版

8.［日］内倉武久：《卑弥呼と神武が明かす古代》ミネルヴァ書房 2007 年版

8.［日］内倉武久：《大宰府は日本の首都だった》ミネルヴァ書房 2000 年版

9.［日］鳥越憲三郎：《雲南からの道 - 日本人のルーツを探る》講談社 1983 年版

10.［日］河内春人：《倭の五王》中央公論新社 2018 年版

11.［日］佐藤健太郎：《古代日本の牛乳・乳製品の利用と貢進体制》

12.［日］藤田友治：《謎の宝冠 - 失われた九州王朝の王冠か》

13.［日］下向井龍彦：《石清水八幡宮寺領安芸国呉保の成立》

14.［日］下向井龍彦：《中世の呉》

15.［日］高島忠平：《吉野ケ遺跡にみる弥生都市》

16.［日］中原英：《古代湖『茂賀の浦揮』から狗奴国》

17.［日］平野雅廣：《倭国史談》

二、中国方面专著

18. 李志梅:《东亚服饰文化交流研究》中央编译出版社 2020 年版

19. 王勇、中西进:《中日文化交流史大系》浙江人民出版社 1996 年版

20. 崔冶译注:《吴越春秋》中华书局 2019 年版

21. 张泉:《吴中人物志》古吴轩出版社 2013 年版

22. 李寅生:《日本汉诗精品赏析》中华书局 2009 年版

23. 赵元任:《现代吴语的研究》商务印书馆 2011 年版

24. 刘文锁:《骑马生活的历史图景》商务印书馆 2014 年版

25. 吴本立、吴大龙:《绵延的血脉》时代文献出版社 2018 年版

26. 管维良:《中国铜镜史》群言出版社 2013 年版

27. 席龙飞:《中国古代造船史》武汉大学出版社 2015 年版

28. 赵翰生:《中国古代纺织与印染》中国国际广播出版社 2010 年版

29. 佘德余:《山阴州山吴氏家族研究》中国社会科学出版社 2015 年版

30. 王仲殊:《古代日本与中国以及朝鲜半岛诸国的关系》中国社会科学出版社 2013 年版

31. 刘振东:《中国古代墓葬制度概论》文物出版社 2015 年版

32. 杨宽:《西周史》上海人民出版社 2016 年版

33. 杨宽:《战国史》上海人民出版社 2016 年版

34. 杨宽:《中国古代陵寝制度史研究》上海人民出版社 2016 年版

35. 陈寿:《白话三国志》新世界出版社 2008 年版

36. 宋岘:《中国阿拉伯文化交流史话》社会科学文献出版社 2011 年版

37. 葛振家:《崔溥〈漂海录〉评注》线装书局 2002 年版